Schirner Verlag

Susanne Hühn

Der LEBENS-KOMPASS

Mit dem Medizinrad-Coaching dein Leben aufräumen und neu ordnen

- Finde heraus, wer du wirklich bist
- Klarheit über Gefühle und Gedanken finden, Lebenssituationen besser verstehen, anstehende Entscheidungen treffen

Schirner Verlag

ISBN 978-3-8434-1443-2

Susanne Hühn:
Der Lebenskompass
Mit dem Medizinrad-Coaching dein Leben aufräumen und neu ordnen

Umschlag: Elena Lebsack, Schirner, unter Verwendung von # 613586348 (© Alex Staroseltsev) und # 609403052 (© Oleg Iatsun), www.shutterstock.com
Layout: Elena Lebsack, Schirner
Lektorat: Claudia Simon, Schirner
Printed by: Ren Medien GmbH, Germany

www.schirner.com

1. Auflage Oktober 2020

INHALT

DEIN **GLEICHGEWICHT** IM **MEDIZINRAD** FINDEN

Bauch kontra Kopf, Herz gegen Verstand, Liebe versus Vernunft … Oft ist es schwierig, die richtigen Entscheidungen für sein Leben zu treffen. Je bewusster wir sind, desto komplexer scheinen die Dinge zu werden. Es gibt immer ein Für und ein Wider, ein Entweder-oder. Wir möchten ja auf unser Herz hören, ohne den Verstand völlig auszuschalten, wir möchten sogar unser Inneres Kind und unsere Gefühle in unser Leben miteinbeziehen. Wir wollen wirklich das Richtige tun. Die alten Vorstellungen über das, was richtig und was falsch ist, haben ausgedient. Wir wissen, dass wir nicht immer und unter allen Umständen funktionieren müssen. Wir wollen wie Pippi Langstrumpf sein und unser Leben so gestalten, wie es uns gefällt, und doch sind wir ständig hin- und hergerissen zwischen den verschiedenen Aspekten, die eine Angelegenheit mit sich bringt.

Das Herz hüpft vor Freude, wenn wir darüber nachdenken, ans Meer zu ziehen, aber der Geldbeutel ächzt, die uns nahestehenden Menschen wollen uns nicht gehen lassen, und ob wir an unserem Wunschort einen Job finden, steht in den Sternen. Wir können durchatmen, wenn wir darüber nachdenken, unseren Beruf an den Nagel zu hängen und etwas ganz anderes zu machen, doch der Bauch zieht sich vor Existenzangst zusammen, und die Gedanken beginnen, zu kreisen. Wir wollen mit einem Menschen eine feste Beziehung eingehen, doch in uns tobt ein Krieg:

Das Innere Kind schreit vor Angst, wieder verlassen zu werden, der Kopf mahnt zur Gelassenheit, das Herz will mit dem anderen verschmelzen, und der Bauch zeigt uns, was er von der Sache hält, indem wir nichts mehr essen können oder Unmengen in uns hineinschlingen. Und dann gibt es da noch unsere Spiritualität: Auch Gott – oder wie immer du diese höhere Kraft nennen möchtest – will bei unserer Entscheidungsfindung mitmischen und durch die Botschaften unserer Seele gehört werden. Das sind fünf verschiedene Impulse, fünf Aspekte, die wir unter einen Hut bringen sollen, und alle sagen etwas anderes – also tun wir gar nichts. Es sind einfach zu viele Stimmen.

Es scheint immer mindestens einen inneren Anteil zu geben, der mit einer Entscheidung sehr unglücklich wird und der voller Angst ist. Worauf sollen wir hören? Unser gesundes inneres Warnsystem hat ebenso seine Berechtigung wie das Herz. Der Bauch ist genauso weise wie der gesunde Menschenverstand. Unsere Seele will sich auf der Erde verwirklichen, und gleichzeitig wollen wir unser Dach über dem Kopf bezahlen können. Gerade wenn wir wirklich gute Entscheidungen treffen möchten, die uns weiterbringen und unser Leben verbessern, tun wir uns schwer, und das ist auch gut so. Denn das zeigt uns, dass wir Verantwortung für unser Tun übernehmen wollen und es uns eben nicht zu leicht machen. Wir wollen wirklich nach bestem Wissen und Gewissen handeln und alle Aspekte einer Angelegenheit bedenken.

Das Dilemma, alles richtig machen zu wollen, um sich selbst und andere nicht in Gefahr zu bringen, plagt die Menschheit schon, seit sie denken kann. Die Menschen haben eine ebenso einfache wie geniale Lösung gefunden, wie man sich alle Aspekte einer Sache anschauen kann, um Klarheit zu erlangen: Sie befragen die Elemente Feuer, Wasser, Luft und Erde, die im Medizinrad den Himmelsrichtungen zugeordnet sind. Auch das Zentrum des Medizinrades wird zurate gezogen. Dieses hat ein eigenes Element, eine eigene Kraft, gleichzeitig vereint man von dort aus alle Himmelsrichtungen und Elemente in sich und hat sie im Blick.

Wie man den Kontakt zu den Elementen aufnimmt, auch ohne eine schamanische Ausbildung zu haben, erfährst du in diesem Buch. Ich zeige dir, wie du die Weisheit der Elemente ganz unkompliziert nutzen kannst, um kluge, für dich in jeder Hinsicht stimmige Entscheidungen zu treffen.
Du wirst Heilung durch die Balance der Elemente in dir erfahren, damit du deine Entscheidungen auch wirklich aus deiner Kraft und nicht aus der Vermeidung von erneuter Verletzung heraus treffen kannst. Du wirst dich selbst in einem ganz neuen Gleichgewicht erleben. Mithilfe von inneren Reisen und anderen Übungen, Coachingfragen und Aufstellungsarbeit, die du für dich, aber auch in Gruppen nutzen kannst, wirst du dich und das ganz persönliche, individuelle Zusammenspiel der Elemente in dir immer tiefer erkennen. Du wirst wissen, in welchen Bereichen du zum Beispiel eher aus dem Inneren Kind heraus, das wir im Element Wasser finden, handelst und wo du zu kopflastig bist, also das Element Luft überbetonst. Du wirst dich in einem ganz neuen Gleichgewicht erleben und jede Entscheidung, die du treffen willst, auf neue Weise durchdenken, durchfühlen und mit deiner Seele abstimmen.
Ob du Lust hast, in der Natur ein echtes Medizinrad zu legen, du Aufstellungsarbeit liebst und die Elemente auf diese Weise erforschen möchtest, du gut mit inneren Reisen und Bildern klarkommst oder gezielte Coachingfragen bevorzugst: Du wirst in diesem Buch deinen Weg finden, dich selbst im Gleichgewicht deiner inneren Kräfte neu auszurichten und deinem Lebenskompass zu folgen.

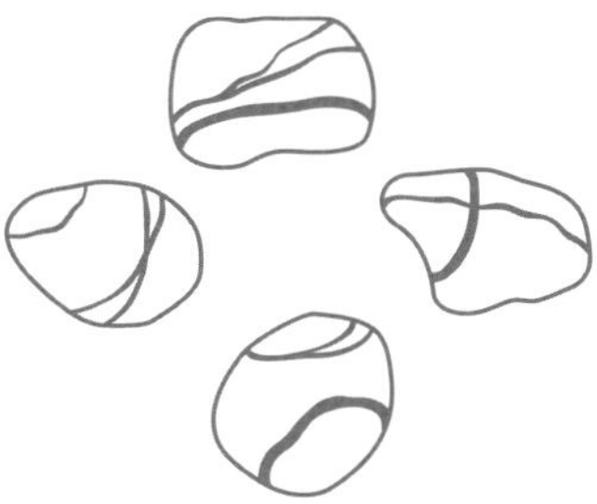

DIE **ELEMENTE** UND **DU** –
EINE UNSCHLAGBARE VERBINDUNG

Wenn man davon ausgeht, dass jedes Element bestimmte Eigenschaften hat, die sich auch in uns Menschen widerspiegeln, dann ergibt es Sinn, sich seine Themen und Fragen in Bezug auf diese Elemente anzuschauen. Wir kennen die Zuordnung verschiedener Aspekte zu den Elementen aus vielen Bereichen, zum Beispiel aus der Astrologie, dem Feng-Shui, der Traditionellen Chinesischen Medizin, dem Ayurveda und aus dem Medizinrad. Das Gute ist: Du musst kein Astrologe, Ayurveda-Experte oder Schamane sein, um die Kraft der Elemente für dich zu nutzen. Es ist ganz einfach, diese Elemente in dir zu erleben, und es bringt dich in einen natürlichen Kontakt mit dir. Wir alle bestehen aus Feuer (Verdauung, Stoffwechsel), Wasser (Blut, Lymphe und alle anderen Flüssigkeiten im Körper), Erde (Zellen) und Luft (Atem), und deshalb haben wir auch einen selbstverständlichen Zugang zu den Elementen.
In den schamanischen Traditionen sind die Elemente zum Teil unterschiedlichen Himmelsrichtungen zugeordnet, je nachdem, welcher Lehre man angehört und auf welcher Bewusstseinsebene man das Medizinrad nutzt. Wenn du mit der Zuordnung, die ich dir hier vorstelle, nicht einverstanden bist, dann wende gern das an, was du gelernt hast oder fühlst. Die Übungen und Fragen verändern sich nicht, du ordnest die Elemente einfach nur anders zu.
Wie können wir uns diese Elemente und ihre Eigenschaften vorstellen?

DAS FEUER IN DIR

Das Feuer steht für …

- deine Inspiration, für großartige Ideen, für deine Begeisterung, für das, wofür du brennst.
- deine Tatkraft und die Fähigkeit, die Welt mit deinen Ideen zu befruchten.
- deine männliche Seite, den Inneren Mann, mit dem du im Außen handelst und dein Inneres sichtbar werden lässt.
- deine Anbindung an deinen Willen, an deine Kraft, an deine Fähigkeit, nach vorn zu gehen und dich zu zeigen.
- deine Leidenschaft und deine Kompromisslosigkeit, mit denen du die Dinge angehst. Bist du ein Mann, dann spürst du dich selbst über deine Tatkraft und deine Leidenschaft. Bist du eine Frau, dann erlebst du sie als innere Stärke, die dich frei macht, zu tun, was du wirklich willst.
- Transformation.

Das Element Feuer symbolisiert deine Sternensaat, das, was du zur Erde bringen willst, dein neues Bewusstsein. Im Feuer spürst du, ob du ein Vorhaben mit deiner Tatkraft unterstützen willst oder ob dein inneres Feuer erlischt, wenn du es in ein Projekt einfließen lässt.

Mit dem Feuer findest du Antworten auf folgende Fragen:

- Hast du die Kraft, dein Vorhaben umzusetzen?
- Begeistert es dich wirklich?
- Kannst du die nötigen Schritte gehen und dich durchsetzen?
- Ist es überhaupt deine Idee, gehört sie also zu deiner eigenen Feuerkraft, oder bedienst du die Idee eines anderen?
- Brennt dein inneres Feuer auch langfristig für dein Vorhaben, oder fühlt es sich eher wie ein kurzlebiges Strohfeuer an?

- Fühlst du, dass dein Spirit mit dir spricht, erkennst du dich selbst in deinen Ideen wieder?
- Nimmst du deine Ideen und Inspirationen ernst und zeigst dir auf diese Weise, dass du dich selbst liebst?

Das Feuer finden wir traditionell im Osten. Einige siedeln es auch im Süden an. Das Zuordnen der Elemente zu den Himmelsrichtungen ist sinnvoll, damit wir später praktisch mit ihnen arbeiten können.

DAS WASSER IN DIR

Das Wasser steht für …

- deinen Fluss des Lebens und deine Hingabe an dieses besondere, einzigartige Leben.
- deine Gefühle und deinen Zugang zu ihnen.
- dein Inneres Kind und für deinen fühlenden, fließenden Anteil, der sich seinen Emotionen hingibt und sie genießt.
- deine Fähigkeit, mit deinen Gefühlen umzugehen, sie wahrzunehmen und ihre Wellen zu reiten, ohne dich von ihnen überwältigen zu lassen oder das Fühlen lieber ganz zu vermeiden.
- deine Art, mit den Dingen des Lebens im Fluss zu sein und flexibel auf das zu reagieren, was von dir gefordert wird, ohne dich selbst dabei zu verlieren. Wie Wasser immer Wasser ist, egal, in welcher Form es fließt, so bist du immer du, ganz gleich, was du tust, wenn du mit dem Element Wasser in dir in gutem Kontakt bist.
- Reinigung und Entgiftung.

Das Element Wasser symbolisiert deine Fähigkeit, dich dem Strom des Lebens anzuvertrauen, dich tragen zu lassen, dem Leben zu erlauben, dir immer wieder neue Formen zu geben, und dein inneres Wissen von deiner Verbundenheit mit allem. Im Wasser spürst du, ob du im Fluss bleibst, wenn du ein Vorhaben umsetzt, oder ob sich die Energie in dir zu stauen beginnt. Denn stille Wasser sind zwar tief, doch stehende Gewässer faulen auch schnell. Ein bisschen Fluss braucht also auch das stillste Wasser. Im Element Wasser findest du außerdem die sogenannten Emotionalverträge.*

Mit dem Wasser findest du Antworten auf folgende Fragen:

- Was fühlst du wirklich in Bezug auf dein Vorhaben?
- Wie geht es deinem Inneren Kind dabei? Werden alte Verletzungen berührt? Fühlt es sich sicher, oder bekommt es Angst?
- Entspricht das, was du möchtest, dem Fluss deines Lebens, oder musst du etwas erzwingen oder zurückhalten?
- Kannst du dich den Ereignissen rückhaltlos anvertrauen, oder brauchst du mehr Informationen?
- Bist du in der Lage, mit den Konsequenzen deiner Handlungen auf emotionaler Ebene umzugehen?
- Gerät bei dem, was du planst, etwas in dir ins Stocken, oder wird etwas in dir frei?
- Führt das, was du planst, zu mehr oder zu weniger Einheit und Verbundenheit mit dir selbst?
- Macht es dir Freude?
- Wie gehst du mit dir um? Wie ist es um deine Selbstfürsorge und damit auch um deine Selbstliebe bestellt?

Das Element Wasser finden wir traditionell im Süden. In einigen Lehren ist es dem Westen zugeordnet.

---

* Emotionalverträge sind ausgesprochene oder unausgesprochene Verhaltensregeln, die dafür sorgen, dass niemand seine emotionale Komfortzone verlassen muss. Meist beschränken sie echte Freiheit, damit niemand Verlustängste bekommt, und fast immer betreffen sie die Inneren Kinder.

DIE ERDE IN DIR

Die Erde steht für ...

- das Speichern von Kraft und Energie, für deine Standfestigkeit und dein Durchhaltevermögen.
- deinen Körper und für die Fähigkeit, ihn zu spüren und gut für dich selbst zu sorgen.
- deine weibliche Seite, die Innere Frau, und dein Vermögen, etwas in dich aufzunehmen.
- deine Innenschau und die Fähigkeit, dich, deine Inspirationen und deine Ideen mit Aufmerksamkeit und Liebe zu nähren.
- deine Gabe, dich selbst als einen Raum zu erleben, in dem du hütest, was dir am Herzen liegt. Bist du ein Mann, dann trägst du diesen Raum in dir. Bist du eine Frau, dann hast du das Gefühl, du selbst bist dieser Raum, wenn du mit dem Element Erde in gutem Kontakt bist.
- die Verbindung zwischen Körper und Seele.

Das Element Erde symbolisiert die weibliche Kraft, den Schoßraum, das Hüten und Nähren des Lebens und das intuitive Wissen um Leben und Tod. Im weiblichen Schoßraum spürst du eindeutig, welche Projekte, Beziehungen und Vorhaben du sterben lassen musst und was weiterhin mit Liebe, Tatkraft und Aufmerksamkeit genährt werden sollte.

Mit der Erde findest du Antworten auf folgende Fragen:

- Hast du genug Ressourcen (Gesundheit, Geld, Zeit, Kraft, Menschen, die am gleichen Strang ziehen) für dein Vorhaben?
- Ist dein Vorhaben gut geerdet, kannst du auch eventuelle Durststrecken durchhalten?
- Macht dich deine Idee ruhig, gibt sie dir ein gutes Gefühl im Bauch?
- Sind die irdischen Gegebenheiten so, dass du dein Vorhaben gut umsetzen kannst, oder baust du Luftschlösser?

- Lässt du den Dingen die Zeit, die sie zum Reifen brauchen?
- Nährt dich das, was du vorhast, wirklich selbst?
- Nährst du über Gebühr Vorhaben, Pläne, Wünsche und Träume anderer, sodass für deine eigenen kein Platz mehr ist?
- Gibt dir dein Vorhaben Stabilität?

Das weibliche Element Erde finden wir im Westen, dem männlichen Feuer gegenüber. In einigen Lehren ist es im Norden angesiedelt.

DIE LUFT IN DIR

Die Luft steht für …

- deine Gedanken und deinen Geist, deine Fähigkeit, die Dinge von einer höheren Warte aus zu betrachten.
- den Inneren Erwachsenen, der bewusste, kluge und weitsichtige Entscheidungen für sich und sein Leben trifft.
- das klare Denken und das eindeutige Formulieren dessen, was du willst, zum Beispiel, wenn du Verträge abschließt.
- das vorurteilsfreie Anerkennen dessen, was ist, ohne Gedankenmuster und Ideen darüber, wie etwas zu sein hat.
- deine innere Freiheit, großartige, kühne Lebensentwürfe zu gestalten und alles für möglich zu halten, sowie deine Fähigkeit, Zusammenhänge und Analogien zu erkennen und Bewusstseinsprozesse auf geistiger Ebene zu erleben.
- den »Adlerblick« auf das Ganze.

Das Element Luft symbolisiert den großen Geist und das spirituelle Bewusstsein. Du bist frei, neue, mutige Gedanken zu denken. Du bist offen für echte Geistesblitze und für wahrhaft geniale Erkenntnisse über das Leben, das Universum und den ganzen Rest. Du erkennst logische Denkfehler und angsterfüllte Gedankenmuster, die den Geist beschränken, statt ihn zu erweitern.

Mit der Luft findest du Antworten auf folgende Fragen:

- Hast du deinen Plan gut durchdacht und dich von Sorgen und Zweifeln befreit, die dir ein falsches Bild geben könnten?
- Welche Verträge willst du abschließen, wozu bist du bereit und wozu nicht? (Das bezieht sich auf jedes Vorhaben, egal, ob es darum geht, eine Liebesbeziehung einzugehen, ein Haus zu kaufen, eine Firma zu übernehmen oder mit Freunden in den Urlaub zu fahren.)
- Ist das, was du machen möchtest, wirklich dein eigener Plan, oder verfolgst du in Wahrheit die Ziele und Ideen anderer?
- Lässt du dich von den Gedanken anderer, seien es die von Einzelnen oder die der ganzen Gesellschaft, blockieren, oder unterstützen sie dich?
- Welche Verträge und Absprachen willst du weiterhin einhalten, und welche stimmen nicht mehr, weil du dich verändert hast, sei es beruflich, privat oder in dir selbst?
- Planst du vernünftig, ohne dich in Luftschlössern zu verlieren?
- Kannst du das große Ganze deines Planes sehen, und gibt dir das, was du siehst, ein freies Gefühl im Kopf?
- Bist du bereit, die Konsequenzen deines Vorhabens zu überschauen und zu tragen, also die Verantwortung voll und ganz zu übernehmen?

Das Element Luft finden wir traditionell im Norden, in der kühlen, klaren Frische. In einigen Lehren liegt es im Osten.

DAS ZENTRUM IN DIR

Wenn wir uns die vier Himmelsrichtungen und die dazugehörigen Elemente wie ein Rad vorstellen, gibt es selbstverständlich auch ein Zentrum. Dort laufen wie in einer Radnabe alle Energien zusammen, bilden Synergien und befruchten und stützen sich gegenseitig. Die Mitte gibt dem Rad seinen Halt, dort stehst du selbst, deine Seele, deine Schöpferkraft und damit auch deine Sexualität.

Das Zentrum steht für …

- deinen Platz im Leben.
- die Anbindung an deine Seele.
- deine Sexualität und den Kontakt mit dir selbst.
- die innere Stille, die du findest, wenn du Kontakt mit deiner Seele aufnimmst.
- das Bewusstsein für dich und deine Seelenaufgaben.
- das Element Äther.

Das Zentrum symbolisiert den Kraftstrom, der aus der Seele kommt und den Körper erfüllt. Dieser Inkarnationsstrahl steht im engsten Kontakt zu deiner Sexualität, durch die du die Welt mit dir selbst befruchtest, durch die du Leben erschaffst, Leben gebärst und dich selbst der Welt schenkst.

Mit dem Zentrum findest du Antworten auf folgende Fragen:

- Bist du in deinem Leben wirklich anwesend?
- Nimmst du deinen ureigenen Platz in deinem Leben ein, oder lässt du dir dein Leben von anderen diktieren?
- Wie lebst du deine Sexualität? Entspricht sie dem, was du leben willst, vermeidest du sie, oder bedienst du die Vorstellungen anderer?
- Willst du in deinem Körper sein und wirklich leben, oder tust du nur so, als wärst du lebendig?

- Bist du dir deiner Schöpferkraft bewusst, und nutzt du sie, um dein Leben zu gestalten?
- Um Pippi Langstrumpf zu zitieren: Machst du dir die Welt, wie sie dir gefällt, ohne andere dabei zu verletzen, oder arbeitest du lediglich ab, was man dir vorsetzt?

Im Rad der Elemente finden wir das Zentrum natürlich in der Mitte.

DURCH DIE WEISHEIT DER ELEMENTE ZU EINEM LEBEN IN BALANCE

Die verschiedenen Blickrichtungen ergeben zusammen ein vollendetes Bild, das dir hilft, eine kluge Entscheidung zu treffen. Gleichzeitig verleihen dir die Elemente die Kraft, die du brauchst, um deine Entscheidung auch umzusetzen. Damit du einen Eindruck bekommst, wie sich die Arbeit im Medizinrad anfühlt, beginnen wir mit allgemeinen Übungen: einer inneren Reise, einem in der Natur gelegten Medizinrad und einer systemischen Medizinradaufstellung. Diese Übungen kannst du zu jedem Thema, das du dir anschauen möchtest, anwenden. Wir gehen in den einzelnen Kapiteln noch ganz individuell auf verschiedene Lebensbereiche ein, die folgenden Werkzeuge dienen dir in wirklich jeder Lage.

ÜBUNG

IM KREIS DER KRISTALLE ANTWORTEN FINDEN

Lege dir etwas zum Schreiben bereit.

Gehe in deiner Vorstellung durch ein Tor. Hinter dem Tor findest du eine Landschaft, in der du dich sicher und wohlfühlst.

Du siehst auf einmal einen wunderschön gestalteten Platz, auf dem vier große Kristalle im Kreis stehen. Sie sind exakt in den vier Himmelsrichtungen positioniert.

Du betrittst diesen Kreis und nimmst wahr, dass du dich in einem sehr machtvollen Kraftfeld befindest. Das Zentrum wird von einer goldenen Scheibe gebildet, die dir augenblicklich Energie und Lebenskraft schenkt. Setze dich in die Mitte, nimm diese Lebenskraft in dich auf, und stelle in Gedanken deine Frage, oder schildere dein Problem.

Aus jedem der Kristalle tritt nun ein Lichtwesen heraus. »Wir stehen dir mit unserem Wissen und unserer Heilkraft zur Verfügung«, hörst du sie sagen. Du spürst ihre liebevolle Präsenz und fühlst dich vollkommen sicher und geborgen.

»Wenn du es erlaubst, dann geben wir dir nacheinander die Informationen, die du gerade brauchst, und die Kraft, eine Entscheidung zu treffen und umzusetzen«, sagen die Wesen, und du nickst.

Auf einmal blitzt einer der Kristalle auf, und du weißt, dass du zu ihm gehen sollst. Du legst deine Hände an den Kristall und nimmst seine Kraft wahr. Er blinkt weiter, und du ahnst, dass es bestimmte Heilfrequenzen sind, die jetzt auf dich einwirken. Möglicherweise nimmst du auch weniger ein Blitzen als vielmehr ein Summen im Kristall wahr. Es ist so, wie es für dich passt. Das Wesen, das zu diesem Kristall gehört, legt nun seine Hände auf deinen Körper, und du spürst ein Ziehen. Lasse alles geschehen, wie es geschehen will. Das Wesen zieht alles aus dir heraus, was dich daran hindert, freie und weise Entscheidungen zu treffen, deinem Herzen zu folgen und für dich einzustehen. Der Kristall gibt dir jetzt all die Informationen zu deiner Frage, die du brauchst.

Wenn das Wesen alles Hemmende aus dir herausgezogen hat und du alle Informationen bekommen hast, die zu dieser Richtung gehören, hört das Blitzen oder das Summen des Kristalls auf. Gehe wieder in die Mitte zurück. Der nächste Kristall ruft dich.

Wenn du von allen vier Kristallen bekommen hast, was du brauchst, stelle dich erneut in die Mitte. Eine machtvolle Lichtsäule steigt unter dir aus der Erde empor und verbindet dich mit deiner wahren Schöpferkraft. Das Licht der Säule durchströmt dich, und du kommst in Kontakt mit dir und deiner Seele.

Alle Kristalle leuchten jetzt auf und senden ihre ursprüngliche, heile Energie in die Lichtsäule in der Mitte. Alle Kräfte strömen auf ganz neue Weise in dich ein und verbinden sich auf einzigartige Weise. Möglicherweise formt sich in dir ein Symbol, oder du bekommst ein Gefühl für deine neue Kraft, doch auch, wenn du einfach die Kristallenergien in dich einfließen lässt, ist alles genau richtig.

Es fällt dir jetzt ganz leicht, zu erkennen, wohin dich dein Weg führt, und du darfst dir selbst erlauben, eine Entscheidung zu treffen. Es kann auch gut sein, dass du erkennst, dass der Moment, eine Entscheidung zu treffen, noch nicht gekommen ist. In diesem Fall beschließt du, den Dingen ihre Zeit zu lassen. Sei dir gewiss, dass der richtige Augenblick kommen wird, wo du weißt, was zu tun ist. Bitte die Geistige Welt und die Elemente um Hilfe dabei, diese Entscheidung nach und nach in deinem Leben umzusetzen.

Komme dann durch das Tor zurück in den Raum, in dem du dich befindest, und schreibe deine Erkenntnisse auf.

Konntest du wahrnehmen, wie unterschiedlich sich die verschiedenen Richtungen anfühlen und welche Kraft sie dir geben?

Wenn du diese Erfahrung noch verstärken willst, dann hilft dir die folgende Übung.

ÜBUNG

EIN MEDIZINRAD IN DER NATUR LEGEN

Besorge dir einen Kompass, zum Beispiel in Form einer App, und suche dir einen ungestörten Platz in der Natur. Du kannst vier Kristalle mitnehmen oder dir Steine oder andere Kraftgegenstände, zum Beispiel einen Ast, ein großes Blatt usw., vor Ort suchen. Verwende für die Mitte ein goldenes Tuch, oder, wenn du keines hast, stelle sie dir einfach golden vor.

Suche dir zuerst den Platz der Mitte, und lege dort das goldene Tuch aus. Dann verwende den Kompass, und mache einen großen Schritt in jede Himmelsrichtung. Lege dort jeweils einen Stein oder einen anderen Kraftgegenstand ab. Dann bitte darum, dass die Kräfte der verschiedenen Richtungen mit ihren Elementen für dich da sind. Das sind sie zwar sowieso, aber mit deiner Bitte verstärkst du ihre Präsenz und deine Fähigkeit, sie wahrzunehmen.

Wenn du dein Rad gelegt hast, dann stelle dich in die Mitte. Denke an das Thema, das dich beschäftigt, an die Frage, die du hast. Gibt es mehrere Fragen, dann stelle jetzt bitte nur eine, und vollziehe die Übung für jede Frage neu.

Erlaube anschließend, dass dich die Richtung anzieht, die du zuerst besuchen darfst.

Drehe dich in die Richtung, in die es dich zieht. Gehe aus der Mitte hinaus, und tritt an den Platz, der dich ruft. Bleibe eine Weile dort stehen, und fühle dich in die Kraft dieses Platzes ein. Erlaube, dass du dich an diesem Platz anders wahrnimmst als sonst, und glaube dem, was du denkst, fühlst oder in deinem Körper spürst.

Mache dir jetzt bewusst, was dieser Platz zu deiner Frage sagt, welche Botschaften du bekommst, welche Gefühle und Ideen du hier in Bezug auf dein Thema hast. Es ist eine Sicht der Dinge: die Sicht des Elementes, auf dessen Platz du gerade stehst.

Wenn du das Gefühl hast, dass der Strom der Erkenntnisse, die du an diesem Platz gewinnen kannst, abebbt, dann gehe zurück in die Mitte.

Lasse dich nun der Reihe nach in die anderen Richtungen ziehen. Gibt es eine Richtung, in die du nicht schauen willst, dann wisse: Gerade sie hält wahrscheinlich besonders wichtige Gefühle und Informationen für dich bereit.

Wenn du dir die Informationen jedes Platzes abgeholt hast, dann stelle dich wieder bewusst in die Mitte. Visualisiere eine Lichtsäule, die dich mit deiner Seele verbindet. Bleibe nun einfach hier stehen, und lasse alle Erkenntnisse auf dich wirken.

Nach einer Weile hast du Klarheit darüber erlangt, was du tun willst. Bitte nun darum, dass dir alle Elemente die Kraft schicken, diese Erkenntnisse in die Tat umzusetzen. Wisse, dass auch die Erkenntnis, dass die Zeit noch nicht reif ist, eine Entscheidung zu treffen, richtig ist.

Verlasse das Medizinrad, und sammle die Gegenstände wieder ein. Damit löst du den Kraftkreis auf. Wenn du Gegenstände aus der Natur verwendet hast, bringe sie dahin zurück, wo du sie gefunden hast, oder lege sie an einen Ort, der sich dir jetzt zeigt. Bedanke dich bei der Natur, und beende damit die Übung.

Als ich anfing, mich mit dem Medizinrad zu beschäftigen, kam ich auf die Idee, die einzelnen Richtungen systemisch aufzustellen, damit ich sie noch besser fühlen konnte. Ich erlebte jedes Element als ein bestimmtes Bewusstsein, ein inneres Wissen. Daraus entwickelte ich eine ganz spezielle Seminarform, bei der man sich besonders die Themen des Inneren Kindes im Medizinrad anschaut. Hierbei stellen sich vier Teilnehmer jeweils in eines der Elemente Erde, Feuer, Wasser und Luft, fühlen sich ein und verbinden sich energetisch miteinander, indem sie die Kraft des Platzes, auf dem sie stehen, in die Mitte fließen lassen. Dadurch entsteht ein systemisch aufgestelltes, durch Menschen verkörpertes Medizinrad. Der Teilnehmer, der das Medizinrad zu seinem Anliegen befragen möchte, tritt in die Mitte und verkörpert sich selbst, seine Seele, seine Schöpferkraft. Diese Technik möchte ich dir jetzt als dritte Form der Medizinradarbeit nahebringen, damit du sie für dich oder in Gruppen nutzen kannst.

ÜBUNG

EIN MEDIZINRAD SYSTEMISCH AUFSTELLEN

Möchtest du diesen Kraftkreis noch intensiver nutzen und kennst vier oder fünf Menschen, mit denen du gern energetisch zusammenarbeitest, dann probiere das Folgende aus.

Besorge vier Stühle oder Kissen. Schreibe auf je einen Zettel »Norden«, »Süden«, »Osten« und »Westen«. Du kannst dir aber auch für jeden Platz ein Symbol suchen, zum Beispiel eine Feder für den Norden, eine Muschel oder eine Schale mit Wasser für den Süden, einen Stein oder einen Kristall für den Westen und eine Kerze oder Zündhölzer für den Osten. Schreibe die allgemeinen Fragen an das jeweilige Element inklusive des Zentrums (S. 14–21) auf je ein Blatt Papier. Du kannst sie natürlich auch einfach aus dem Buch kopieren. Sie dienen als Hilfe und müssen nicht vollständig beantwortet werden. Im weiteren Verlauf des Buches findest du spezielle Fragen an die Elemente zu vielen verschiedenen Themen. Nutze diese, wenn sie dir passend erscheinen.

Lege einen Kreis mit einem Durchmesser von zweieinhalb bis drei Metern fest. Hast du mehr Raum, darf der Kreis auch größer sein. Mache ihn aber nicht zu groß, damit sich alle Teilnehmer gegenseitig gut hören können.

Bestimme mithilfe eines Kompasses die vier Himmelsrichtungen, und platziere in ihnen je einen Stuhl oder ein Kissen. Markiere die vier Plätze mit den Zetteln, auf denen die Himmelsrichtungen stehen, oder den Symbolen, und lege die Zettel mit den Fragen ebenfalls dazu. Der Zettel mit den Fragen an das Zentrum kommt in die Mitte.

Bitte nun vier Personen, sich auf je einen der Plätze der Himmelsrichtungen zu setzen. Das dürfen die Plätze sein, zu denen sie sich besonders hingezogen fühlen, doch es kann auch hilfreich sein, einmal denjenigen einzunehmen, den man am wenigsten mag. Du brauchst gegebenenfalls eine fünfte Person für die Mitte, die entweder von Beginn an oder später im Verlauf der Übung als dein Stellvertreter fungiert.

Arbeitest du mit einer Gruppe, dann kann der Teilnehmer, um den es gerade geht, von einem anderen vertreten werden, damit er in der Lage ist, sich das Ganze von außen anzuschauen. Ich stelle allerdings gern meine Hauptperson selbst in die Mitte und lasse sie alle Elemente und deren Kräfte erleben, außer, das Thema ist so aufwühlend oder traumatisierend, dass sie lieber durch einen Stellvertreter ersetzt wird.

Damit sich jeder der vier Aufsteller in seine Himmelsrichtung einfühlen kann, lies vor, wofür die Elemente stehen (S. 14–19).

Bitte jeden der Teilnehmer, seine Elementekraft in die Mitte zu senden, gerade so, als würden sich energetische Speichen eines Rades bilden. Die Kraft bündelt sich in der Mitte, und es entsteht ein aktives Medizinrad.

Stelle dich nun mit deiner Frage oder deinem Thema in die Mitte, oder bitte deinen Stellvertreter, das Medizinrad zu betreten. Arbeitest du mit Klienten, dann bitte jenen, um den es gerade geht, oder seinen Stellvertreter, sich mit dem Anliegen in die Mitte zu stellen.

In der weiteren Beschreibung gehe ich davon aus, dass du selbst in der Mitte stehst. Hast du einen Klienten, der dort steht oder vertreten wird, dann setze die Informationen bitte auf deine Weise um.

Wende dich nun nacheinander allen Richtungen zu, und spüre, wohin es dich am meisten zieht. Noch wichtiger ist es, zu erkennen, von welcher Richtung du dich am liebsten abwenden würdest.

Entscheide dich nun, dich einer Richtung zuzuwenden. Sie wird dir mithilfe des Fragenkataloges aufzeigen, was das entsprechende Element zu sagen hat. Wenn es zusätzliche oder auch ganz andere Impulse von den Elementen gibt, dann werden dir die Teilnehmer alles mitteilen, was sie an ihrem jeweiligen Platz in Bezug auf dein Anliegen erleben. Achte darauf, ob sich das, was sie sagen, für dich stimmig anfühlt. Es muss dir nicht gefallen, doch du solltest dich darin erkennen können, sonst gilt es eventuell nicht für dich.

Höre dir zunächst an, was dir die Richtungen und Elemente zu sagen haben. Sie alle gemeinsam geben dir deine Antwort, selbst wenn sie sich zu widersprechen scheinen. Sei sicher, dass du am Ende ein vollständiges Bild erkennen wirst.

Wenn du meiner Vorgehensweise folgen möchtest, so brauchst du nun deinen eigenen Stellvertreter. Damit du die Weisheit deiner eigenen Mitte erleben kannst, bitte den fünften Teilnehmer, sich in das Zentrum deines Medizinrades zu begeben und dir die Fragen an die Mitte zu beantworten.

Stelle dich danach selbst in die Mitte. Schließe deine Augen, und lasse alles auf dich wirken. Die Elemente lassen ihre jeweiligen Kräfte zu dir strömen. Nimm sie ganz bewusst wahr.

Stelle dir nun vor, du stehst in einer Lichtsäule. Die Elemente erfüllen diese mit Informationen. Die Lichtsäule verbindet deine innere Mitte mit deiner Seele. Denke noch einmal an dein Thema, und erlaube dir, aus deinem Innersten deine Antwort aufsteigen zu lassen.

Welche Antwort du nun auch immer bekommst: Glaube dir. Dann verlasse das Medizinrad, und setze um, was du für dich erkannt hast.

Achte darauf, dass die einzelnen Teilnehmer gut aus ihrer jeweiligen Rolle heraustreten. Es kann hilfreich sein, wenn sich alle reihum auf jeden der Elementeplätze setzen, um wieder in Ausgleich zu kommen und um jedes Element einmal bewusst erlebt zu haben.

Arbeitest du mit einer Gruppe, so ist es sinnvoll, das Medizinrad nach jeder Aufstellungsrunde aufzulösen und es für den nächsten Teilnehmer neu zu besetzen, damit es immer wieder neutral wird. Hat ein Stellvertreter mit einem der Elemente große Schwierigkeiten, dann sollte er nicht mit diesem Element betraut werden, weil die Antworten sonst eventuell nicht neutral und kraftvoll sind. Eine Frau zum Beispiel, die nichts vom Männlichen hält, setze ich nicht in den Osten, in das Feuer, denn sie kann die Kraft vermutlich für denjenigen nicht objektiv halten, dessen Fragen im Medizinrad bearbeitet werden. Ich arbeite dann gegebenenfalls mit ihr am Thema »verletzte Weiblichkeit«, sobald sie an der Reihe ist. Wir

können uns allerdings darauf verlassen, dass sich das Thema »Männlichkeit« sowieso zeigen wird, sobald diese Teilnehmerin an der Reihe ist, denn sie ist dann auch nicht in gutem Kontakt mit ihrem eigenen inneren Feuer.

Diese Aufstellungsarbeit kann sehr intensiv sein. Vertraue den Kräften der Elemente. Wenn du keine für dich stimmigen Antworten bekommst, dann stelle dich in die Mitte, und erlaube einfach, dass dich die Elemente nähren und dir ihre jeweilige Kraft geben. Sie kommen dadurch in dir in Harmonie und gleichen sich so aus, wie es für dich richtig ist. Nach ein paar Tagen wirst du wissen, was du zu tun hast, denn die Kraft der Elemente wirkt immer, auch dann, wenn du noch keine eindeutigen Botschaften erhältst.

NUR IN UNS VEREINT SIND WIR STARK

Ganz gleich, womit du dich auch beschäftigen magst, sei es Gesundheit, seien es Beziehungen jeder Art, sei es deine Berufung oder Geld: Deine eigene psychologische Dynamik, das Zusammenwirken deiner inneren Anteile, ist immer von wesentlicher Bedeutung.

Alle Kräfte wirken aufeinander ein. Doch besonders wichtig für dein Gleichgewicht ist die Beziehung der sich jeweils gegenüberliegenden Elemente zueinander.
Im Medizinrad stehen sich Wasser und Luft sowie Erde und Feuer gegenüber. Das Innere Kind und die Gefühle liegen also auf einer Achse mit dem Inneren Erwachsenen, dem Intellekt und dem Geist. Der Innere Mann, das Feuer und die Tatkraft bilden eine Achse mit der Inneren Frau, der Hingabe, der Stabilität und dem Nähren. Im Zentrum kreuzen sich diese Achsen. Damit du stabil im Zentrum stehen und dein Leben aus deiner Mitte heraus gestalten kannst, müssen die sich gegenüberliegenden Kräfte in einem nährenden Miteinander sein.

Im Schamanischen geht man von Folgendem aus: Wenn du mit einem Thema auf einem bestimmten Platz stehst, dann ist der dir gegenüberliegende Platz dein Arbeitsfeld. Ein allzu bedürftiges Inneres Kind zum Beispiel braucht den Inneren Erwachsenen. Eine Innere Frau, die hütet und nährt, aber nie ins Tun kommt, braucht das Feuer, den Inneren Mann. Ein Mensch, der alles aus dem Kopf und dem Verstand heraus entscheidet, also in der Luft steht, braucht die Gefühlsebene, damit er in seine Mitte kommen kann. Eine Person, die zwar ständig im Außen aktiv ist und handelt, dabei aber nicht ihr Innerstes zum Ausdruck bringt oder von einem Projekt zum anderen springt, braucht die Innere Frau, die Erde, die Eigenwahrnehmung, die innere Stabilität und das Bauchgefühl. Die Luft-Wasser-Achse, also die Beziehung zwischen dem Inneren Kind und dem Inneren Erwachsenen, sorgt für deine innere Ausgewogenheit und Stabilität. Die Feuer-Erde-Achse, also die Beziehung zwischen dem

Inneren Mann und der Inneren Frau, bestimmt dein Auftreten und dein Wirken im Außen. Deshalb schauen wir uns die inneren Anteile in vier als innere Reisen formulierten Übungen an. Wir verbinden die Anteile mit ihren jeweiligen Elementen, damit sie in voller Kraft erstrahlen können. Lasse dir die inneren Reisen vorlesen, oder sprich sie auf ein Diktiergerät, und höre sie dir an, dann kannst du sie leichter nachvollziehen.

Alle nachfolgenden Übungen beginnen damit, dass du in Gedanken im Zentrum deines Medizinrades stehst. Die Mitte ist immer golden und strahlend, sie gibt dir Kraft und verbindet dich mit dir selbst. Im Zentrum stehst du auf deinem Platz im Leben und bist in Kontakt mit deiner Seele, sogar dann, wenn du es nicht so wahrnehmen kannst.
In einigen der inneren Reisen darfst und solltest du eingreifen und etwas verändern. Was das ist, erfährst du während der Reisen. Vielleicht fragst du dich, warum die Persönlichkeitsanteile das nicht selbst tun können. Mache dir bewusst, dass du die Herrscherin, der Herrscher in deinem Reich bist. Es ist für deine Reifung wichtig, zu lernen, die Verantwortung für dich zu übernehmen. Du hast Selbstheilungskräfte, die in dir und für dich aufräumen, doch alles, was der Entfaltung deines Bewusstseins dient, musst du selbst tun.
Scheue dich während der inneren Reisen nicht, alles auszumerzen, was nicht zu dir gehört. Jedem Menschen stehen die gleichen Kräfte zur Verfügung, und jeder in deinem Umfeld darf lernen, das für sich zu tun, was er für sich tun kann, statt sich ungebeten an dir zu nähren. Auf freiwillige und dir selbst gegenüber achtsame Weise darfst du natürlich andere mitversorgen.
Führe die inneren Reisen zu den Elementen und deinen inneren Persönlichkeitsanteilen in der Reihenfolge durch, die für dich passend ist.

ÜBUNG

DEIN INNERER MANN AM FEUER DEINER STÄRKE

Gehe in deiner Vorstellung vom goldenen Zentrum deines Medizinrades aus durch ein Tor. Du befindest dich nun in einer wundervollen Landschaft. In einiger Entfernung brennt ein Feuer, und du gehst auf dieses Feuer zu.

Du bemerkst eine Gestalt am Feuer. Du schaust sie an und weißt: Das ist dein Innerer Mann. Seine Aufgabe ist es, alle inneren Impulse im Außen umzusetzen. Dieser Innere Mann verkörpert deine Tatkraft, und er sorgt dafür, dass du die Freiheit hast, zu tun, was du wirklich tun möchtest.

Du siehst jetzt diesen Inneren Mann am Feuer stehen. Er kann viele Gestalten haben, und er kann seine Gestalt verändern, je nachdem, womit er gerade beschäftigt ist. Es kann sein, dass du ihn als Naturgeist, als Drachen, als Ritter, als Helden oder als Magier wahrnimmst. Lasse ihn genau so sein, wie er sich dir in diesem Moment zeigt. Dieser Innere Mann braucht Heilung, und das weiß er auch.

Du erkennst, dass er eine schwere Bürde schleppt. Vielleicht sind es die Themen deiner männlichen Ahnen. Das Feuer lodert einmal hoch auf und lädt deinen Inneren Mann ein, diese Bürde jetzt ins Feuer zu werfen. Du siehst, dass er das tut. Die Verbindung zwischen dem Feuer und dem Inneren Mann ist deutlich spürbar, du bist nur Beobachter. Das Feuer lodert noch ein paarmal hoch auf und erinnert den Mann daran, dass er weitere Bürden trägt. Nach und nach legt er diese Bürden ab, er wirft sie ins Feuer und fühlt sich immer leichter. Vielleicht verwandelt sich auch seine Gestalt.

Jetzt, wo er all seine Bürden abgelegt hat, blickt er auf und dreht sich zu dir. Er schaut dir in die Augen. »Du kannst dich auf mich verlassen«, sagt er. »Meine Aufgabe ist es, alles, was in dir lebt, auszudrücken und zu tun. Je freier ich bin, desto freier kann ich für dich nach außen bringen, was in dir lebt. Ich gehöre zum Feuer, das Feuer schenkt mir meine Kraft. Verlasse dich voll und ganz auf mich, erlaube mir, für dich zu wirken, und ich bin da.«

Jetzt wendet sich der Innere Mann wieder dem Feuer zu. Er hält Zwiesprache mit dem Feuer, und du erkennst, dass er immer stärker wird. Stärker bedeutet in Bezug auf den Inneren Mann insbesondere, dass er frei ist, wirklich zu tun, was er tun möchte, unabhängig davon, was andere dazu sagen. Es gefällt dir sehr gut, deinen Inneren Mann in der Zwiesprache mit dem Feuer zu sehen. Du weißt, die beiden kennen und verstehen sich. Dein Innerer Mann lässt sich vom Feuer inspirieren und leiten. Du kannst dich auf das Element Feuer in dir verlassen.

Du schaust dir deinen Inneren Mann noch einmal an und bist auf einmal voller Hochachtung und Dankbarkeit. Du weißt, er sorgt dafür, dass du in der Welt sichtbar bist, dass du frei bist, zu tun, was du tun möchtest, und dass du wundervolle und verrückte Ideen umsetzen kannst. Er ist furchtlos, kühn, unerschrocken und in der Lage, alles zu tun, was er tun möchte.

Du lässt ihn am Feuer zurück im tiefen Vertrauen, dass er genau am richtigen Platz ist und dass er das auch weiß. Mit diesem Gefühl kommst du durch das Tor zurück ins goldene Zentrum deines Medizinrades.

ÜBUNG

DEINE INNERE FRAU IM GARTEN DEINER FÜLLE

Gehe in deiner Vorstellung vom goldenen Zentrum deines Medizinrades aus durch ein Tor. Du befindest dich nun in einer wunderschönen Gartenlandschaft. Sie ist sehr fruchtbar, es gibt Obstbäume, Gemüsebeete, und überall blühen Blumen. Du fühlst dich wie im Schlaraffenland, und du weißt, hier, in dieser Landschaft, findest du alles, was du brauchst, um gut versorgt zu sein.

Du bemerkst eine Frau in dieser Landschaft, sie kümmert sich um die Pflanzen und achtet darauf, dass diese sich gut entfalten und Früchte tragen. Jetzt setzt sich diese Frau unter einen Baum und lehnt sich an den Stamm. Das ist deine Innere Frau, erkennst du, und sie kann in vielen Gestalten auftreten. Sie kann sehr ätherisch sein, aber auch sehr erdig, jung oder alt. Du nimmst sie so wahr, wie sie sich dir heute zeigen möchte.

Du siehst, wie sie an den Baum gelehnt auf dem Boden sitzt. Sie schließt die Augen, und auf einmal erkennst du, dass aus der Erde Kraft in sie einfließt. Du siehst förmlich, wie sich ihr Inneres mit Kraft aus der Erde füllt. Sie wird auf eine sehr angenehme Weise schwerer, und sie fühlt sich vollkommen satt und genährt. Sie weiß genau, wie sie die Kraft der Erde für sich nutzen kann, und das gefällt dir sehr gut. Die Erde gibt ihr ganz bereitwillig ihre Energie, ja, die Erde lädt sie sogar ein, sich von ihr nähren zu lassen.

Du erkennst auf einmal: Wenn deine Innere Frau voller Kraft ist, dann steht dir diese Kraft in deinem Leben auch zur Verfügung. Deine

Innere Frau erinnert dich an die Goldmarie aus dem Märchen »Frau Holle«: Sie bestellt die innere Landschaft und tut, was zu tun ist, weil sie die Erde liebt und sich ihren Rhythmen hingibt. Du erkennst, dass in diesem Garten alles wächst, was du in deinem Leben gesät hast, all deine Wünsche, all deine Träume wachsen und gedeihen hier. Deine Innere Frau kümmert sich darum. Dir wird auf einmal klar, wie wichtig es ist, dass du sehr genau darauf achtest, was du der Inneren Frau zu tun gibst, denn sie kümmert sich bedingungslos um alles, was hier wächst.

Jetzt wendet sie sich dir zu und schaut dich an. »Ich bin mit der Kraft der Erde verbunden«, sagt sie. »Ich habe unermesslich viel Energie und stehe dir mit meiner Kraft vollständig zur Verfügung. Ich nähre und hüte alles, was du mir anvertraust. Ich kümmere mich darum, ich sorge dafür, dass es wächst und gedeiht. Mit den Früchten der Erde nähre ich dich.« In einiger Entfernung bemerkst du auf einmal ein Feuer. »Ich hüte auch dieses Feuer«, sagt die Innere Frau. »Ich lege Holz nach und achte darauf, dass es immer schön brennt, damit sich der Innere Mann damit verbinden kann. Ich sorge dafür, dass das Feuer immer Nahrung hat.«

Du dankst deiner Inneren Frau und bist sehr beruhigt, weil sie sich so herrlich um alles kümmert. Dir wird bewusst, dass du sehr genau darauf achten darfst, was du ihr zum Hüten gibst. Du weißt, wie wichtig es ist, dass sie sich wirklich nur um deine inneren Pflanzen kümmert, nicht um die anderer.

Auf einmal wird dir bewusst, dass es in diesem Garten sicherlich auch Gewächse gibt, die nicht die deinen sind und die du hier nicht hüten möchtest. Jetzt bist du gefragt. Gehe durch den Garten, und reiße alles heraus, was nicht wirklich zu dir gehört. Das kann deine Innere Frau nicht für dich tun, sie hütet und nährt bedingungslos, was du hier säst. Nimm dir ein bisschen Zeit, und räume den Garten auf. Du erkennst ganz genau, welche Pflanzen wirklich die deinen sind und welche du von anderen in dich aufgenommen hast.

Die Pflanzen, die nicht zu dir gehören, lassen sich leicht aus der Erde ziehen. Sie wissen, dass sie in Wahrheit kein Recht haben, in deinem Garten zu wachsen. Gibt es noch hartnäckige Pflanzen, dann frage sie, ob sie zu dir gehören oder nicht. Sie müssen dir auf diese Frage ehrlich antworten. Gehören sie nicht zu dir, dann wende eventuell ein bisschen Kraft auf, um sie herauszureißen. Es ist wichtig, dass du selbst entscheidest, was in deinem Garten wächst und was nicht. Du brauchst den Platz für das, was durch dich heranreifen will. Die Pflanzen, die nicht zu dir gehören und die du nun herausgerissen hast, verdorren auf der Stelle und zerfallen zu Staub.

Deine Innere Frau ist sehr erleichtert, denn du nimmst ihr Arbeit ab, die sie gar nicht tun müsste. Dadurch hat sie viel mehr Kraft für deine Pflanzen. Sie atmet auf, wird immer leichter, immer entspannter. Jetzt hat sie viel mehr Zeit, sich um die Pflanzen zu kümmern, die wirklich die deinen sind. Es ist nötig, erkennst du, dass du immer wieder kommst und schaust, ob sich Sämlinge in deinem Garten eingenistet haben, die nicht zu dir gehören. Das darf passieren, und du darfst sie ganz leicht auch wieder entfernen.

Beruhigt und entspannt verabschiedest du dich von deiner Inneren Frau. Du weißt, sie kümmert sich um alles. Du hast ihr und dir einen großen Dienst erwiesen, indem du alles aus dem Garten entfernt hast, was nicht zu dir gehört. Du weißt, deine Innere Frau nährt sich selbst immer wieder mit der Kraft von Mutter Erde, darauf kannst du dich verlassen. Sie sorgt unverbrüchlich für alles, was du in dir wachsen lassen willst. Gleichzeitig hütet sie das Feuer des Inneren Mannes.

Du schaust dich noch einmal um und siehst, dass alles in Ordnung ist. Deine Innere Frau weiß, was sie zu tun hat, und sie tut es voller Liebe und Hingabe. Jetzt gehe durch das Tor zurück, und komme wieder in die goldene Mitte deines Medizinrades.

ÜBUNG

DEIN INNERER ERWACHSENER UND DIE BOTSCHAFTER DER LUFT

Gehe in deiner Vorstellung vom goldenen Zentrum deines Medizinrades aus durch ein Tor. Du befindest dich nun in einer wunderschönen Landschaft. Ein Weg schlängelt sich durch diese Landschaft. Er führt zunächst sanft bergauf. Dann wird er immer steiler, doch du kannst ihn mühelos gehen. Jetzt befindest du dich auf einem Hochplateau. Von hier aus kannst du deine ganze innere Landschaft überblicken, und du siehst, wie zauberhaft und abwechslungsreich sie ist.

Auf einmal bemerkst du eine Gestalt. Sie sitzt am Rande des Hochplateaus und schaut auf die Landschaft. Ihr Kopf leuchtet, und du siehst förmlich die Gedanken in ihrem Kopf blitzen. Um sie herum sitzen viele Vögel, kleine und große. Du erkennst jetzt auch, dass in der Landschaft viele Vögel herumfliegen, das sind die Kundschafter dieser Gestalt. Du weißt, dass das dein Innerer Erwachsener ist. Er hat den Überblick über alles, bekommt aus allen Teilen deiner inneren Landschaft Kunde und kann so in jedem Moment kluge Entscheidungen treffen.

Du gehst zu ihm hin und setzt dich neben ihn. Er bemerkt dich und lächelt dir zu, doch er ist sehr beschäftigt mit all den Vögeln. Sie melden ihm ständig, was in deiner inneren Landschaft geschieht. Einige der Vögel bedrängen den Inneren Erwachsenen geradezu, bemerkst du jetzt. Auf einmal weißt du: Diese Vögel gehören nicht zu dir. Es sind Botschafter anderer Menschen, die dir ihre Gedanken aufdrängen und vermitteln wollen.

Du stehst auf und stellst dich hinter deinen Inneren Erwachsenen. Du klatschst ein paarmal fest in die Hände und sagst: »Verschwindet!« Einige oder sogar viele Vögel fliegen davon. Es ist dein Inneres, und du entscheidest, wer hier anwesend ist und wer nicht, deshalb müssen die Vögel, die nicht die deinen sind, gehen, wenn du das entscheidest. Der Innere Erwachsene kann es nicht, er ist nur ein beratender Anteil. Entscheidungen treffen kannst nur du selbst.

Dein Innerer Erwachsener atmet auf und entspannt sich. Es waren sehr viele Botschaften, die er ständig verarbeiten musste, und nicht alle gehörten wirklich zu dir. »Ich bewahre einen kühlen Kopf«, sagt er dir. »Frage mich, wenn du eine Entscheidung treffen willst, von hier oben aus sehe ich durch meine Krafttiere, die Vögel, alles.« Du weißt, wie wichtig es ist, dass dein Innerer Erwachsener hier oben sitzt, er braucht diesen Überblick. Er darf und er muss ein wenig distanziert sein, damit er für jede Information offen ist. Du fühlst dich sehr wohl bei deinem Inneren Erwachsenen. In seiner Gegenwart kannst du klar denken und die Dinge sehen, wie sie sind. Vielleicht kannst du in diesem Moment sogar eine Entscheidung treffen, die schon lange überfällig ist.

Voller Ruhe sitzt dein Innerer Erwachsener am Rande des Hochplateaus, gelassen und entspannt nimmt er die Botschaften entgegen, und du weißt, egal, was ist, von hier oben aus hat er alles im Blick. Du dankst ihm und den vielen Vögeln, die ihm die Botschaften bringen.

Auf einmal erkennst du, dass es nicht nur Vögel gibt. Da sind auch geistige Wesen, die deinen Inneren Erwachsenen aus den lichtvollen Sphären mit Informationen versorgen. Die Informationen aus deiner inneren Landschaft und die lichtvollen Botschaften verbinden sich zu einzigartigen Erkenntnissen, zu Geistesblitzen, zu innerem Wissen.

Jetzt wendet sich dein Innerer Erwachsener dir zu und dankt dir. Er lächelt dich an, und du atmest tief durch. Du entscheidest, regelmäßig hier hoch zu kommen, damit du immer wieder alle Botschafter, die nicht zu dir gehören, wegschicken kannst. Die Glaubenssätze deiner Eltern, die Gedanken deiner Nachbarn, die mentalen Forderungen derer, die dich beeinflussen möchten, haben nichts bei dir zu suchen.

Entspannt und gelassen drehst du dich um. Du weißt, dein Innerer Erwachsener behält den Überblick, und das schenkt dir Vertrauen in deine Entscheidungen. Du gehst den Weg zurück und kommst durch das Tor wieder in die goldene Mitte deines Medizinrades.

ÜBUNG

DEIN INNERES KIND AN DEN WASSERBECKEN DEINER LEBENDIGKEIT

Gehe in deiner Vorstellung vom goldenen Zentrum deines Medizinrades aus durch ein Tor. Du befindest dich nun in einer wunderschönen Landschaft. In einiger Entfernung bemerkst du eine ganz besondere Felsformation: Ein riesiger Wasserfall hat viele verschiedene Becken aus dem Felsen herausgewaschen. All diese steinernen Becken sind sehr leicht zu erreichen. Terrassenartig erstrecken sich die Becken in deiner Landschaft. Zauberhaft sieht das aus. All diese Wasserbecken werden von dem Wasserfall gespeist. Seine Gischt sprüht hoch auf und bildet permanent Regenbögen. Das Ganze ist sehr lebendig und kraftvoll. Du erkennst, dass die Becken für die verschiedenen Lebensbereiche stehen, die durch das Wasser in dir in den Fluss gebracht werden.

An einem sehr großen Becken spielt ein kleines Kind. Dieses Wasserbecken ist das Becken deiner Gefühle, erkennst du, und du gehst auf das Kind zu. Nimm wahr, wie gut es ihm geht, und erkenne, wie vertraut es mit dem Element Wasser ist. Jetzt wirst du Zeuge eines Wunders: Das kleine Kind steigt in das Wasserbecken. Du hältst den Atem an. Kann es denn schwimmen? Doch ja, es verwandelt sich augenblicklich in eine Nixe und schwimmt pfeilschnell durch dieses Becken. Es scheint im Wasser sehr glücklich zu sein.

Auf einmal bemerkst du in einiger Entfernung ein zweites Kind. Es sieht traurig aus, und es trägt schwere Lasten. Es sieht aus wie ein Waisenkind, gerade so, als hätte es niemanden, der sich um es kümmert. Es macht einen sehr verlassenen Eindruck, und du weißt plötzlich, dass es den Weg zum heilenden Wasser nicht findet. Es irrt in deiner Landschaft umher, und es weiß nicht, wohin es gehört.

Jetzt darfst du eingreifen. Du gehst zu diesem Kind, das so einsam und verwaist in deiner inneren Landschaft lebt. Sage ihm: »Ich weiß, wohin du gehörst, lasse mich dich dorthin bringen.« Das Kind vertraut dir. Du darfst es auf den Arm oder an die Hand nehmen. Bringe es zu dem Becken, in dem das glückliche Kind als Nixe herumtollt. Hilf dem Waisenkind, seine Lasten abzulegen und seine Kleidung auszuziehen. Befreie es von allem, was nicht zu ihm gehört.

Das im Wasser spielende Kind hat nun das Waisenkind bemerkt und nimmt Kontakt zu ihm auf. »Komme herein, hier kannst du spielen«, ruft es. »Ich vermisse dich schon lange, ich brauche einen Spielgefährten.« Das Waisenkind ist vielleicht sehr schmutzig, doch das macht nichts. Es steigt so, wie es ist, in das Becken hinein. Augenblicklich spült das Wasser allen Schmutz, alle Traurigkeit und alle Schwere von diesem bislang verwaisten Kind ab. Auch dieses Kind verwandelt sich in eine Nixe, und beide Kinder tollen jetzt zusammen im Wasser herum. Möchten sie aus dem Becken klettern und draußen spielen, dann verwandeln sich ihre Nixenschwänze sofort wieder in Beine.

Du siehst diese beiden Kinder jetzt miteinander spielen. Du weißt, dass im Moment alles in Ordnung ist. Das Wasser reinigt die Kinder und gibt ihnen Lebenskraft und Lebensfreude. Du bist sehr glücklich über deinen wunderschönen Wasserfall mit all den vielen Becken. Mit dem Wissen, dass in dir alles im Fluss ist, kehrst du durch das Tor zurück und kommst jetzt wieder in die goldene Mitte deines Medizinrades.

Du hast nun alle vier Persönlichkeitsanteile in ihrem jeweiligen Element gesehen, und du hast erkannt, was sie in dir bewirken. Jetzt verstehst du, wie wichtig es ist, dass die Verbindung zwischen den jeweils einander gegenüberliegenden Elementen in dir stabil ist und diese synergetisch zusammenarbeiten können.

Das, was so abstrakt klingt, ist ganz einfach, wenn wir uns die Persönlichkeitsanteile als reale Personen vorstellen: Der Erwachsene trägt die Verantwortung für seine Entscheidungen, weil er die Tragweite dessen, was er entscheidet, überblicken kann. Das Kind sorgt mit seiner Lebendigkeit für Bewegung und Abwechslung. Trägt das Kind aus Gewohnheit zu viel Verantwortung, ist es die Aufgabe des Erwachsenen, sie ihm abzunehmen. Denkt der Erwachsene zu viel nach, braucht er die sprudelnde und funkelnde Lebendigkeit des Kindes.
Der Mann befruchtet die Frau, indem er sich ihr anvertraut und ihr seinen Samen schenkt. Die Frau nimmt den Mann in sich auf und lässt ihn in sich wachsen, indem sie sich ihm hingibt und seine Frucht in sich hütet und nährt. Handelt der Mann, ohne darauf zu achten, dass seine Handlungen auch angenommen und wertgeschätzt werden, verpufft das, was er tut. Er braucht die Frau, die Erde, damit seine Handlungen Früchte tragen. Trägt die Frau ihre Ideen und Träume in sich, macht sie Pläne und ist in innerem Kontakt mit dem, was sie fühlt, kommt aber nicht in die Handlung, dann wird sie niemals außen sichtbar werden, ihre Träume werden nicht ins Leben geboren. Die Geburt selbst ist die Schnittstelle zwischen Mann und Frau, zwischen Feuer und Erde. Das, was die Frau, die Erde, gehütet hat, kommt ins Außen, wird durch eine Handlung sichtbar und kann in der Welt wirken.

In uns sieht diese hilfreiche Zusammenarbeit so aus:

Luft und Wasser: Wenn wir erkennen, dass wir Entscheidungen aus unseren Ängsten und Verletzungen heraus treffen, dann brauchen wir die Zusammenarbeit zwischen Wasser und Luft, dem Inneren Kind und dem Inneren Erwachsenen. Der Erwachsene nimmt dem Kind die Verantwortung für die Folgen seiner Entscheidungen ab und betrachtet eine Angelegenheit von einer höheren, emotional neutralen Warte aus. Dadurch wird das Kind in uns frei. Es kann seine Ängste und Verletzungen fühlen, und wir dürfen es liebevoll in die Arme nehmen und ihm Geborgenheit schenken. Dafür belebt es uns mit seiner Leichtigkeit, seiner Wandelbarkeit und dem inneren Fließen. Das harmonische Zusammenspiel zwischen dem Inneren Kind und dem Inneren Erwachsenen macht dich völlig frei, dich selbst zu fühlen und gleichzeitig kluge, bewusste Entscheidungen zu treffen.

Feuer und Erde: Wenn wir erkennen, dass wir unsere kleinen und großen Wünsche und Vorhaben nicht in die Tat umsetzen, dann ist die Innere Frau zwar schwanger mit unseren Träumen vom Leben, doch es braucht den Inneren Mann, damit sie auch im Außen umgesetzt werden. Wenn wir ständig machen und tun, doch unsere Handlungen keine Früchte tragen, dann braucht es die Frau, die uns das Gespür dafür schenkt, was zu tun oder zu lassen ist. Die Frau spürt ganz deutlich, ob ein Vorhaben lebensfähig ist oder nicht, ob es sich lohnt, dranzubleiben, oder ob es eine Kurskorrektur braucht. Der Mann ist in der Lage, mutig und kühn umzusetzen, was die Frau hütet, egal, ob es anderen gefällt oder nicht. Die Zusammenarbeit zwischen der Inneren Frau und dem Inneren Mann macht dich vollkommen frei, das zu tun, was du wirklich tun willst.

Wenn wir uns klarmachen, dass unsere inneren Kräfte zusammenarbeiten müssen, damit wir im Gleichgewicht sind und ein erfülltes Leben führen können, verstehen wir auch, dass wir achtsam mit unseren Kräften umgehen dürfen und sollten. Wenn das Innere Kind die Lasten der ganzen Familie schleppt, wenn der Innere Erwachsene die Probleme anderer Menschen zu lösen versucht, wenn die Innere Frau alle Menschen um sich herum nährt und wenn der Innere Mann ständig für andere im Außeneinsatz ist, dann erreichst du deine Kräfte nicht von der Mitte aus. Sie sind alle nach außen gewandt statt nach innen. Jeder deiner Anteile ist beschäftigt, und sie nehmen sich gegenseitig nicht einmal wahr, geschweige denn, dass sie dir zur Verfügung stehen. Kümmere dich also zunächst um dich selbst und dann erst um andere.

DER **INNEREN WAHRHEIT** AUF DIE SPUR KOMMEN

Der Wunsch nach Authentizität, Echtheit, ist im Moment so groß wie nie zuvor. Wir wollen endlich das leben, wofür wir auf die Erde gekommen sind. Wir beten, wir meditieren, wie suchen nach uns selbst, und doch scheint immer eine wichtige Kraft zu fehlen. Wir fallen zurück in alte Verhaltensweisen, sind nicht so mutig und kühn, wie wir uns das wünschen. Wir sind immer wieder wie Annika und Thomas statt wie Pippi Langstrumpf: eher angepasst und ängstlich als echt und authentisch. Wir machen uns die Welt nicht, wie sie uns gefällt, sondern fühlen uns wie ein Teil eines Kollektivs, das irgendwie grau und langweilig ist. Wir würden ja gern … Doch wir müssen Geld verdienen, es unserer Familie recht machen, uns anpassen, das Haus abbezahlen …

Wo ist er, der Zugang zu unserer unbändigen Lebensfreude und Kreativität? Das Erwachsenenleben mit seinen Ansprüchen hat uns das innere Feuer ausgepustet, und nun wabert der Rauch zwischen unseren Träumen hin und her, vernebelt sie, lässt sie grau werden. Nicht alle, doch einige schon. Der Rauch sorgt dafür, dass wir unsere Hoffnungen auf Glück und unsere Ideen, wie wir dieses Glück verwirklichen können, vor uns selbst abwerten. Wir denken, dass wir uns ja lächerlich machen, wenn wir versuchen, unsere Träume in die Tat umzusetzen, als hätten wir keine Verantwortung für unsere Familie und keine finanziellen Verpflichtungen.

Wir haben nie gelernt, dass wir zuallererst unseren Träumen verpflichtet sind, weil sie uns als Kind ausgeredet wurden. »Traumtänzer« sind wir genannt worden, und das war nicht liebevoll gemeint. »Werde mal erwachsen«, sagte man uns, wenn wir mit leuchtenden Augen erzählten, wie wir uns unsere Zukunft vorstellten. Wir haben denen geglaubt, deren Träume niedergetrampelt worden waren und die es nicht besser wussten. Dafür konnten sie nichts. Doch sie hatten nicht recht. Leid und Schmerz haben die bunten Feuer derer, die vor uns waren, in toxischen Qualm verwandelt. Weil dieser Qualm noch immer in unserer Gesellschaft und sogar in unseren Genen wabert, laufen unsere eigenen Feuer der Inspiration und der Lebendigkeit Gefahr, zu ersticken, wenn wir sie nicht bewusst hüten.

Zum Glück gibt es einen inneren Anteil, der unsere tiefsten Sehnsüchte nach Lebendigkeit und Leichtigkeit noch immer in sich trägt: das Innere Kind. Weil es oft verletzt und beschämt ist, scheint es häufig eher eine Quelle von Schmerz und Abhängigkeitsgefühlen statt von Lebenskraft zu sein. Doch dem ist in Wahrheit nicht so.

In den indigenen Völkern gab es einen sogenannten Hüter der Träume. Er hörte den Kindern sehr genau zu, wenn sie ihm von ihren Zukunftsträumen erzählten, weil er wusste, dass diese kostbar waren. Er bewahrte für die Kinder den Schatz ihrer Visionen und seelischen Absichten auf. Zu gegebener Zeit erzählte er den dann herangereiften Menschen, was sie einst wollten, welche Sehnsüchte sie hatten, und gab ihnen damit das zurück, was er für sie so lange gehütet hatte.
Nun gibt es in unserem Umfeld keinen Menschen, der unsere Träume hütet. Aber den brauchen wir auch gar nicht, denn zum Glück tragen wir jemanden in uns, der diese Aufgabe übernimmt, und ihn können wir aktivieren.

In der nachfolgenden Übung erweckst du die Träume deiner Kindheit wieder zum Leben. Damit du sie verwirklichen kannst, musst du zunächst erkennen, wie essenziell sie für dein Lebensglück sind. Die Kraft, diese Träume in Taten zu verwandeln, entsteht unweigerlich in dir, wenn du mit jeder Faser spürst, dass dein Leben davon abhängt, dass du es auch lebst.

ÜBUNG

DIE TRÄUME DER KINDHEIT WIEDERERWECKEN

Gehe in deiner Vorstellung durch ein Tor. Hinter dem Tor findest du deine ideale Landschaft, in der du dich sicher und wohlfühlst.

Du siehst auf einmal einen wunderschön gestalteten Platz. Vier große Kristalle stehen in einem Kreis von etwa drei Metern Durchmesser. Sie sind exakt in den vier Himmelsrichtungen positioniert.

Du betrittst diesen Kreis und nimmst wahr, dass du dich in einem sehr machtvollen Kraftfeld befindest. Setze dich in die golden schimmernde Mitte.

Aus jedem der Kristalle tritt nun ein Lichtwesen heraus. »Wir stehen dir mit unserem Wissen und unserer Heilkraft zur Verfügung«, hörst du sie sagen. Du spürst ihre liebevolle Präsenz und fühlst dich vollkommen sicher und geborgen.

»Wenn du es erlaubst, dann entfernen wir zunächst alle emotionalen Verletzungen und alles Schmerzliche, das du bisher erlebt hast, aus deinem Körper, deinen Gefühlen, deinem Denken und aus deinen Reaktionen und zukünftigen Handlungen«, sagen die Wesen, und du nickst.

Auf einmal blitzt einer der Kristalle auf, und du weißt, dass du zu ihm gehen sollst. Du legst deine Hände an den Kristall und nimmst seine Kraft wahr. Er strahlt weiter, und du ahnst, dass es bestimmte Heilfrequenzen sind, die jetzt auf dich einwirken. Möglicherweise nimmst du auch weniger ein Blitzen als vielmehr ein Summen im Kristall wahr. Es ist so, wie es für dich passt. Der Kristall gibt dir all die Liebe und Energie, die dir als Kind vorenthalten wurde. Das Wesen, das zu diesem Kristall gehört, legt nun seine Hände auf deinen Körper, und du spürst ein Ziehen. Lasse alles geschehen, wie es geschehen will. Das Wesen zieht genau die Verletzungen aus dir heraus, für die es zuständig ist. Es zieht alles aus dir heraus, was dich daran hindert, deine wahren Träume und die wahre Lebendigkeit, die dein Inneres Kind hütet, zu fühlen, während gleichzeitig Heilfrequenzen in dich einströmen.

Es kann ein wenig dauern, bis das Wesen alles, was energetisch zu dieser Himmelsrichtung gehört, aus dir herausgezogen hat, denn bestimmt kommen die Verletzungen und Erfahrungen nicht nur aus diesem, sondern aus vielen Leben, und sie gehören nicht nur zu dir, sondern du trägst sie auch für das Kollektiv deiner Ahnen. Es dauert ebenfalls eine Weile, bis dich der Kristall mit allem genährt hat, was in ihm für dich gespeichert ist.

Wenn das Wesen alles aus dir herausgezogen hat, hört das Blitzen oder Summen des Kristalls auf, und du gehst wieder in die Mitte zurück. Der nächste Kristall ruft dich.

Wenn du durch alle vier Kristalle Reinigung erlebt und deine Träume, das innere Feuer der Inspiration, zurückerhalten hast, stelle dich erneut in die Mitte.

Eine machtvolle goldene Lichtsäule erscheint aus der Erde und verbindet dich mit der Kraft des lebendigen, glücklichen Inneren Kindes. Du brauchst es nicht vor deinem inneren Auge zu sehen, es ist als Energie in dir präsent. Das Licht der Säule durchströmt dich, und du kommst in Kontakt mit dir und deiner Schöpferkraft.

Alle Kristalle leuchten jetzt auf und senden ihre ursprüngliche, heile Energie in die Lichtsäule in der Mitte. Alle Kräfte strömen auf ganz neue Weise in dich ein und verbinden sich in dir auf einzigartige Weise. Möglicherweise formt sich in dir ein Symbol, oder du bekommst ein Gefühl für deine neue Kraft, doch auch, wenn du einfach die Kristallenergien in dich einfließen lässt, ist alles genau richtig. Sie werden sich dir zur passenden Zeit im Alltag zeigen.

Verpflichte dich jetzt ganz bewusst, das, was du nun in dir hütest, in die Welt zu bringen. Du brauchst noch nicht zu wissen, wie du das tun kannst. Doch es braucht dein bewusstes Ja zu dir selbst. Nutze deinen freien Willen, um dich deiner Seelenflamme, dem, was du wirklich leben willst, zu verpflichten. Dann darfst du dich darauf verlassen, dass es sich in deinem Leben manifestiert.

Wenn du für heute alles erfahren hast, was du wolltest, verlasse den Kreis der heilenden Kristalle.

Komme nun durch das Tor zurück in den Raum, in dem du dich befindest, und bringe das, was du erfahren hast, mit in deinen Alltag. Kehre immer wieder in den Kreis der Kristalle zurück, wenn du dich an deine Träume erinnern willst, und wiederhole die Übung so oft wie nötig.

Nun weißt du, was du wirklich willst, oder bist der Erkenntnis zumindest ein Stück näher gekommen.

NNW
NNE
WNW
ENE

DIE **THEMEN** IM EINZELNEN – DAS ERWARTET DICH

Wenden wir uns den verschiedenen Lebensbereichen zu. In den nachfolgenden Kapiteln schauen wir uns dein spezielles Thema in Bezug auf die Elemente und ihre Kräfte an.

Du bekommst für jedes Thema …

- spezielle Coachingfragen von allen Elementen inklusive der Mitte, falls du dir ausführlich Zeit nehmen willst. Du brauchst nicht alle Fragen zu beantworten. Manchmal genügt schon eine einzige Frage, und du weißt, worum es geht oder welche Entscheidung du treffen willst. Schaue dir die Fragen jedes Elementes an. Gerade dann, wenn du ein Element ablehnst, könnte es die entscheidende Frage für dich parat haben. Manchmal fragt dich ein Element, was dir helfen kann. Wenn du es nicht weißt, ist das vollkommen in Ordnung. Schon allein, sich selbst die Frage zu stellen, was vielleicht hilfreich wäre, setzt einen Bewusstseinsprozess in Gang, denn du übernimmst die Verantwortung dafür, dass du deine Lösung eventuell schon kennst. Die Elemente selbst geben dir keine Ja-oder-Nein-Antwort. Die Fragen, die sie dir stellen, helfen dir, Klarheit zu erlangen. Sie entscheiden nicht für dich, sondern geben dir ihre Kraft. Ich habe die Elemente in der Reihenfolge aufgeführt, die mir jeweils sinnvoll erscheint. Fühle dich jedoch ganz und gar frei, dich ihnen so, wie du es möchtest und es für dich stimmig ist, nacheinander zuzuwenden.

- Übungen, die dir helfen, alltagstaugliche und umsetzbare Antworten zu finden. Die Übungen sind nicht bei allen Themen die gleichen, daher lies ruhig auch jene, die in einem Kapitel stehen, das dich weniger interessiert. Du kannst sie leicht deinem Thema anpassen.

- Für manche Themen bekommst du von den Elementen ganz spezielle Botschaften, Meditationen und Fragen.

Du brauchst dazu …

- ein Notizbuch, das du gern nutzt, und einen Stift. Natürlich kannst du auch einfach ein elektronisches Dokument öffnen. Wenn du ein Diktiergerät verwenden willst, tue das. Nutze das, was dir lieber ist.
- fünf Gegenstände, die das Zentrum des Medizinrades und die es umgebenden Elemente verkörpern: Feuer, Wasser, Luft und Erde.
- einen Kompass oder eine Kompass-App.
- einen Platz in der Natur, wenn du gern draußen arbeitest.
- ungestörte Zeit mit dir.

Falls du einmal nichts davon zur Verfügung hast und dennoch eine Übung machen willst, weil es gerade wichtig ist, dann ist das auch in Ordnung. Denn genau genommen brauchst du gar nichts außer dir selbst. Die Kräfte wirken sowieso, wenn du dich ihnen öffnest.

Diese Übungen kannst du jederzeit durchführen – ausführlich, indem du dir in der Natur ein Elementerad legst, oder ganz rasch zu Hause in Gedanken. Je öfter du in Kontakt mit den Elementen kommst, desto selbstverständlicher nimmst du ihre Botschaften wahr und desto schneller weißt du, was zu tun ist. Nach kurzer Zeit wirst du merken, dass sie dir auch

dann antworten, wenn du sie gar nicht bewusst gefragt hast. Das haben sie schon immer getan, doch jetzt lernst du, ihnen bewusst zuzuhören.
Du denkst zum Beispiel an ein Jobangebot und findest auf einmal ganz nebenbei eine Feder. Dann weißt du, dass das Element Luft dir etwas sagen will. Du hebst die Feder auf und bist jetzt in Kontakt mit dem Element Luft, dem Geist, dem Inneren Erwachsenen. Plötzlich kommt dir in den Sinn: »Prüfe den neuen Vertrag noch einmal.« Doch Vorsicht! Wenn du mit der Feder eine Ente oder einen Schwan verbindest und auf einmal an ein glitzerndes Gewässer denkst, dann ist es eine Botschaft deines Inneren Kindes, deiner Gefühle. Vielleicht steht eine Feder für dich auch für die Welt der Engel, dann kommt die Botschaft aus der Geistigen Welt, aus der Mitte.
Die Elemente sprechen auf die Weise mit dir, die du verstehst und die für dich stimmig ist. Je nachdem, welche Symbole in deinem Gehirn mit bestimmten Erinnerungen, Gefühlen, Denkweisen und Erkenntnissen verknüpft sind, begegnen sie dir im Außen. Deshalb ist es wenig hilfreich, andere zu fragen, was sie zu einem bestimmten Symbol meinen, denn dein Zeichen ist für dich und deine Denkweise ideal, nicht für die anderer.

Vertraue also immer deinem ersten Impuls.

Wie immer gilt: Wenn du etwas Neues lernst, brauchst du etwas Zeit und Geduld. Es kann sein, dass du zu Beginn nicht viel wahrnimmst und zum Beispiel mit den Fragen nicht gleich etwas anfangen kannst. Einige der Fragen kannst du leicht beantworten, andere dagegen kommen dir erst gar nicht in den Sinn. Letztere betreffen die Elemente, von denen du dich, zumindest in Bezug auf das Thema, das du dir gerade anschaust, entfernt hast.
Bleibe dran, du wirst sehr schnell lernen, die Antworten zu finden. Die Elemente wirken sowieso in dir. Du bestehst aus ihnen, ja, du bist dein eigenes Elementerad, das im idealen Gleichgewicht sein will. Deshalb braucht es nur ein wenig Aufmerksamkeit, damit du den Zugang findest. Du musst dieses Wissen nicht erst in dir entwickeln, wir legen es nur frei.

Was ist also das Neue, das du üben darfst? Du lernst, dir selbst und deinen Impulsen zuzuhören und dein inneres Wissen zurate zu ziehen. Das Wissen ist da, doch das Zuhören und vor allem das Vertrauen in dieses innere Wissen haben wir verlernt.

Suche dir dein Thema einfach aus, die nachfolgenden Kapitel bauen nicht aufeinander auf. Das heißt auch, dass du eine Information, die du in einem Kapitel erhältst, ebenfalls in einem anderen wiederfinden kannst. Umso besser, denn dadurch verinnerlichst du diese Information noch schneller. Wenn du eine bestimmte Sichtweise (neues Denken, Luft), eine Übung (Handlung, Feuer) oder eine positive Art, dich selbst zu fühlen (Inneres Kind, innerer Fluss, Wasser), immer wieder in neuen Zusammenhängen erlebst, dann verknüpft sie sich sehr rasch mit vielen verschiedenen Gehirnteilen, und sie geht dir umso schneller in Fleisch und Blut (Erde) über. Und genau da wollen wir die Informationen auch haben, denn wenn sie dort gespeichert sind, können wir sie jederzeit abrufen.

Hier nun also deine Themen. Ich freue mich sehr, dich auf deinem Weg zu dir selbst begleiten zu dürfen.

BESTIMMUNG UND BERUFUNG – LEBE, WAS DU BIST

DICH DER WELT MIT DEINEN GABEN ZEIGEN

Das Wichtigste zuerst: Deine Bestimmung, die Stimme deines Herzens, und deine Berufung, der Ruf der Welt nach dir, wollen und können nur durch dich gelebt werden. Sie gehören zu dir und sind davon abhängig, dass du dich ihnen widmest. Sie suchen dich genauso wie du sie. Sie schicken dir Zeichen und Botschaften, weil sie gefunden werden möchten. Sei dir da ganz und gar sicher.

Was ist der Unterschied zwischen Berufung und Bestimmung?

Das Medizinrad sagt dazu: »Jeder Mensch ist auf der Erde zu etwas bestimmt. Doch nicht jede Bestimmung kann und muss zum Beruf gemacht werden. Deine Bestimmung zeigt sich in der Art, wie du mit den Dingen umgehst, in dem, was du ungefragt und oft auch unbewusst immer tust, egal, in welcher Situation du bist. Deine Berufung dagegen braucht einen bewussten Ausdruck, für den du die Verantwortung übernimmst, und sie steht im Dienst am großen Ganzen. Jeder hat eine Bestimmung, doch nicht jeder hat eine Berufung. Wenn du dich nach deiner Berufung sehnst, dann hast du allerdings auch eine, sonst kommst du gar nicht auf die Idee, sie zu suchen.«

Wie ist das gemeint?

Deine Bestimmung kann es sein …

- einen Garten zu hegen und Tiere zu pflegen.
- für Gerechtigkeit zu sorgen, indem du dich für andere einsetzt.
- Menschen miteinander zu vernetzen.
- altes Wissen zu sammeln.
- Mutter oder Vater für bestimmte Seelen, mit denen du verabredet bist, zu sein.
- Ahnenthemen zu erlösen.
- einfach auf der Erde zu sein und sie zu genießen.
- Schönheit und Wohlbefinden zu erschaffen.
- etwas zu erforschen, was noch nicht erforscht ist.
- spirituelle Zusammenhänge zu verstehen.
- systemische Zusammenhänge zu erkennen.

All das kannst du tun, ohne beruflich damit beschäftigt zu sein, doch du wirst, wo du auch gehst und stehst, immer auf dein Thema zurückkommen. Es interessiert dich einfach, und du fühlst dich in ihm zu Hause.
Eine Berufung dagegen dient dem Leben. Das heißt nicht unbedingt, dass du helfend tätig sein sollst, denn ein Dienst am Leben kann auch ganz im Verborgenen und unabhängig von anderen Menschen geleistet werden. Eine Berufung zu haben, schickt dich durch alle Themen hindurch, in denen du Meister werden musst, um diese Berufung auch erfolgreich zu erfüllen: mental, emotional, körperlich.

Die Bestimmung und die Berufung können sogar zwei ganz und gar unterschiedliche Dinge sein und für echte innere Konflikte sorgen.
Zum Beispiel kann es deine Bestimmung sein, Mutter oder Vater einer für dich bestimmten Seele zu sein. Du gehst im Mutter- oder Vatersein auf, und du weißt, dass du genau deshalb hier auf der Erde bist. Gleichzeitig spürst du deine Berufung zur Schamanin, zum Schamanen, und diese

oder dieser möchte alles andere, als den ganzen Tag mit einem Säugling zu Hause zu verbringen.

Um das noch deutlicher zu machen, schauen wir uns zwei Beispiele für eine Bestimmung an und spiegeln sie mit einer Berufung.

Deine Bestimmung ist es …

- Tiere zu pflegen.

Wäre es auch deine Berufung, würdest du …

- davon träumen, ein Tierheim oder einen Tierpark zu gründen, wo sich die Tiere wirklich wohlfühlen,
- in einem Tierheim oder Tierpark mitarbeiten und dort dein Bestes geben
- oder dir im negativen Fall selbst ausreden, dass du das in Wahrheit willst und dir stattdessen einreden, es wäre vernünftig, weiterhin im Büro zu arbeiten.

Deine Bestimmung ist es …

- für Gerechtigkeit zu sorgen, indem du dich für andere einsetzt.

Wäre es auch deine Berufung, würdest du …

- Jura studieren und Anwalt oder Richter werden,
- dich beruflich für schwache und unterdrückte Menschen, für die Umwelt oder für Tiere einsetzen, sei es, indem du für »Sea Shepherd«, »Greenpeace«, die »Tafel« oder eine andere Organisation arbeitest,
- oder im negativen Fall nur davon träumen, für andere zu kämpfen, und stattdessen irgendwas »Sicheres« machen, was dich aber langweilt.

Oft bedarf es nur einer kleinen Kurskorrektur, um die eigene Berufung zu leben. Nicht immer ist es richtig, gleich den Brotberuf an den Nagel zu hängen, um mit dem, was man liebt, sein Geld zu verdienen. Denn auch in dem Beruf, der dich ernährt, kannst du womöglich deine Berufung leben. Oft genug werden Menschen mit besonderen Fähigkeiten an einen Platz gebracht, um dort zu lernen und zu wirken, der so gar keine Komfortzone ist. Zum Beispiel kann ein spirituell bewusster Mensch in einer Bank arbeiten und lernt dadurch den Fluss des Geldes kennen. Manchmal ist auch einfach die Zeit noch nicht reif für die große Veränderung. Mache dir also keine Sorgen, wenn du noch nicht an dem Platz bist, an dem du deine Berufung leben kannst. Du bist auf dem Weg, und du kommst zur richtigen Zeit dort an.

Eine Berufung ist eine tiefe innere Kraft, die einen geradezu zwingt, sich mit einem Thema zu befassen, selbst dann, wenn man es gar nicht möchte. Folgst du deiner Berufung, so schleift dich dein Weg, als wärst du ein Diamant. Er fordert von dir, vollkommen authentisch und aufrichtig zu sein, mutig, selbstbestimmt und eigenverantwortlich. Viele Faktoren müssen stimmen. Auch die Zeitqualität muss mitspielen, nicht nur für dich, auch für diejenigen, denen du das, was deine Berufung dich tun lässt, verkaufst. Verkaufen musst du deine Dienstleistung oder was immer du anbietest. Wie willst du sonst davon leben? Das vergessen viele Menschen, die zu früh ihren Job kündigen, um ihrer Berufung zu folgen. Ich bin ungefähr fünfmal aus meinem Beruf als Krankengymnastin aus-

gestiegen und musste jedes Mal in ihn zurückkehren, weil ich nicht mehr wusste, wovon ich die Miete zahlen sollte. Aber nicht kleinlaut, zumindest nicht lange, sondern mit dem sicheren Wissen, dass es eines Tages klappen würde. Ich habe nebenher immer weitergemacht, Sitzungen und Entspannungsgruppen gegeben und Bücher geschrieben, aber mein Haupteinkommen durch die Physiotherapie verdient.
Es braucht viele Faktoren, damit aus deiner Berufung, der du unbedingt folgen solltest, auch ein Beruf wird, der dich ernährt. Das eine bedingt nicht zwingend das andere. Steige nicht zu früh aus. Ständig in finanzieller Not zu leben, stärkt nicht gerade deine Kreativität, zu lange an einer Sicherheit festzuhalten, aber natürlich auch nicht.

DEINE BERUFUNG ZUM BERUF MACHEN – BIST DU SO WEIT?

Weil das Thema so wichtig ist, findest du gleich zu Beginn spezielle Fragen der einzelnen Elemente, mit deren Hilfe du überprüfen kannst, ob du bereit bist, den Weg der Berufung als Haupterwerbsquelle zu gehen. Später findest du dann allgemeine Coachingfragen zu deiner Berufung und Bestimmung.

Das Zentrum will von dir wissen:

Bist du bereit, dich selbstständig zu machen?
Es ist nur logisch, dass deine einzigartige Berufung in den seltensten Fällen eine Stelle in einer bereits existierenden Firma ist. Dich selbstständig zu machen, ist häufig eine Notwendigkeit, wenn du wirklich authentisch von deiner Berufung leben willst.

Das Feuer der Tatkraft und der Inspiration fragt dich:

Bist du bereit, die Verantwortung dafür zu übernehmen, dass du etwas Neues, Einzigartiges aufbaust, für das der Markt eventuell noch nicht bereit ist, dass du also Vorreiter bist und viel Werbung machen musst?
Du bringst einen neuen Impuls mit, und der stößt zumeist erst einmal auf Widerstand. Das tut wirklich weh. Jetzt darfst du nicht an dir zweifeln, zumindest nicht lange und nicht nachhaltig. Vertraue dir. Die Zeit ist vielleicht noch nicht reif, bleibe am Ball. Dadurch, dass du deinem Impuls folgst und nicht aufgibst, reift die Zeit heran, hast du schon einmal daran gedacht? Du bereitest dir selbst den Weg, den du dann später gehen wirst. Warte also nicht untätig darauf, dass du eines Tages Erfolg haben wirst, denn dieser Erfolg kommt, eben weil du Vorreiter warst und bist. Das gehört zu deiner Berufung dazu. Gäbe es das schon, wozu du berufen bist, bräuchte es dich nicht. Es stimmt auch nicht zwingend, dass das, was durch dich kommen

will, schon seine Abnehmer findet, wenn »es sein soll«, sonst gäbe es nicht so viele in ihrem Beruf relativ mittelmäßige, durch gutes Marketing aber sehr erfolgreiche Menschen und äußerst Talentierte, die nicht sichtbar sind. Die meisten Menschen, die kein Marketing machen wollen, schämen sich schlichtweg dafür, sich in Position zu stellen. Das ist nicht hilfreich, wenn du ernsthaft von deiner Berufung leben willst.

Die Erde möchte erfahren:

Bist du bereit, zu tun, was nötig ist, um Geld aufzutreiben und zu verdienen? Bist du überhaupt bereit, Geld für das zu nehmen, was du tust? Oder schämst du dich zu sehr?
Es kann dich dein ganzes Berufsleben lang beschäftigen, zu lernen, Geld für deine Leistung zu verlangen, besonders wenn du sehr sozial eingestellt bist. Deshalb unterscheide sorgfältig zwischen dem, was du gern kostenfrei für andere tust, weil du sie magst, und dem, wofür du Geld haben willst. Achte und respektiere deine Geldquellen, und beute dich nicht selbst aus, indem du dich scheust, Geld für deine Arbeit zu verlangen. Das ist sonst so, als würdest du die Früchte deines Feldes an alle möglichen Leute verschenken, statt die erarbeitete Ernte einzufahren, damit du über den Winter kommst. Nähre dich dreimal selbst: das erste Mal, damit du versorgt bist, das zweite Mal, damit du etwas hast, wenn du in Not gerätst, und nicht sofort andere um Hilfe bitten musst, und das dritte Mal, damit du etwas zum Weitergeben hast.

Die Luft sagt dazu:

Bist du bereit, einen Businessplan zu machen? Zur Bank zu gehen? Dich um Steuern und Rechnungen zu kümmern? Dich mit Buchhaltung zu beschäftigen? Werbung zu schalten? Controlling zu machen? Deinen Marktwert zu erkunden und festzusetzen? Dich mit all dem Kram abzugeben, den es nun einmal braucht, damit ein Unternehmen zumindest eine Chance hat, erfolgreich zu werden?

Die meisten Menschen, die ihre Berufung leben wollen, sind Idealisten, Träumer und Spinner im allerbesten Sinne des Wortes. Um etwas Neues zu machen, braucht es eine gehörige Portion Idealismus. Aber welcher Idealist gibt sich schon gern mit Umsatzsteuervoranmeldungen ab oder rechnet sich einen Stundenlohn aus? Ist es dir das wirklich wert? Willst du von deiner Berufung leben, dann musst du dich mit alldem herumschlagen.

Die Erde fügt hinzu:

Bist du bereit, Geld zu verdienen und Preise festzusetzen?
Wenn du nicht sagst, was du brauchst, dann kann dein Klient nichts dafür, wenn er dir zu wenig gibt. Wertschätzung hängt in keiner Weise davon ab, wie viel Geld du bekommst. Geld ist sehr unterschiedlich besetzt. Zwanzig Euro können für jemanden sehr viel sein. Wenn das aber dein Bruttostundenlohn ist, dann wirst du eben nicht diese wundervollen Sitzkissen besorgen können, die du deinen Klienten so gern anbieten würdest, die Miete für deinen Seminarraum zusammenbekommen oder deine Krankenversicherung bezahlen können. Niemand außer dir kennt deine festen Kosten und weiß, wozu du sonst noch Geld brauchst. Deshalb mache dir die Mühe: Rechne dir einen vernünftigen Stundenlohn aus, überprüfe deine Zahl am Markt, und stehe dazu. Du hast keinen Achtstundenjob mehr, bei dem du jeden Tag eine bestimmte Summe verdienst. Mal bekommst du am Wochenende zweitausend Euro, mal ein paar Wochen lang gar nichts, obwohl du schuftest, Marketing betreibst, Messen besuchst, Kontakte pflegst und die Buchhaltung erledigst. Die Kosten laufen dennoch weiter.
Ein Wort zum Selbstwertgefühl. Das bedeutet in Bezug auf Geld: Du weißt, was du brauchst, damit du gut und sicher leben, für dich, deine Familie und deine Tiere sorgen, eventuelle Seminarreisen vorfinanzieren, deinen Seminarraum bezahlen, dir dringend notwendige Auszeiten nehmen und deine Altersvorsorge auf einigermaßen sichere Beine stellen kannst. Mit all diesen Themen musst du dich herumschlagen, wenn du von dem,

was du tust, leben willst. Wie immer du das für dich löst, du musst dich mit Geld und deinem Verhältnis dazu befassen und deinen Standpunkt in Bezug auf Geld nach außen vertreten.

Die Luft will jetzt von dir wissen:

Bist du bereit, die nötige Technik zu nutzen?
Homepage, YouTube, Onlineseminare, Skype-Interviews ... viele Menschen, die sich nach ihrer Berufung sehnen, haben in Bezug auf Technik, die sie nutzen sollten, um mit dem, was sie tun, sichtbar zu werden, eine Art Berührungsangst. Das macht nichts. Wenn die Hemmschwelle aber zu groß ist, findet das Gehirn eine Menge Ausreden, warum man bestimmte Plattformen nicht nutzt. Das ist okay. Aber denke daran: Dein Erfolg hängt auch davon ab, wie sichtbar du in der Welt bist.

Das Wasser meldet sich zu Wort und fragt dich etwas Wichtiges:

Bist du bereit, mit dem, was dich im Innersten bewegt, sichtbar zu werden und die Verantwortung für deine Verletzlichkeit zu tragen? Auch dann, wenn dich deine Eltern nicht mehr verstehen, sich Sorgen machen? Auch wenn deine Freunde dich fragen, was denn mit dir los ist? Auch dann, wenn deine Familie findet, du verbringst zu viel Zeit im Atelier oder mit merkwürdigen Leuten? Und auch dann, wenn das, was du tun möchtest, in dieser Gesellschaft einen komischen Beigeschmack hat und du eventuell nur wenig Geld verdienst?
Das, was durch dich geboren werden will, ist brandneu, sonst wäre es keine Berufung. Das gibt es noch nicht. Darauf reagieren die Leute komisch. Du kannst womöglich deinen derzeitigen Lebensstandard nicht halten und musst dich zumindest eine Zeit lang mit weniger Geld zufriedengeben. All das musst du aushalten. Das wirst du auch. Aber nur, wenn dein Inneres Kind in dir an einem sicheren Ort ist und der gereifte Erwachsene in dir Raum hat, zu wirken.

Das Feuer hat noch etwas anzumerken:

Bist du bereit, anzuerkennen, dass deine Berufung kein Hobby mehr sein wird, wenn du davon leben willst?
Wenn du deine Berufung leben willst, musst du gut in dem werden, was du tust, denn du trägst eine Menge Verantwortung. Wenn du deinem Hobby nachgehst, nun ja, dann bist du so gut, wie du eben bist, es hängt nicht viel daran. Selbst wenn du super in dem bist, was du tust, so trägst du nicht viel Verantwortung, solange es nur dein Hobby ist. Willst du aber deine Berufung leben, dann nimmt sie dich in die Pflicht und schickt dich auf den Weg zur Meisterschaft. Deine Berufung zu leben, verlangt dir alles ab, es ist ein Dienst am Leben, kein Beruf. Es gibt kein Wochenende, es gibt keinen Dienstschluss, denn du bist innerlich immer mit dem beschäftigt, was dich ruft, immer auf dem Weg, einen noch besseren, authentischeren Ausdruck dessen zu finden, was durch dich zur Erde kommen will.

Die Luft nimmt dich weiterhin ins Gebet:

Bist du bereit, deine romantischen Vorstellungen loszulassen und dich auch mit Enttäuschungen auseinanderzusetzen?
»Wenn du einen Traum leben willst, musst du erst einmal aus ihm erwachen«, sagen spirituelle Lehrer, und das ist eine gute Nachricht. Wenn du den Himmel, also deine Inspirationen, deine Träume, deine Seele, auf die Erde bringen willst, dann unterliegt dieser Prozess einer Art emotionaler Ausnüchterung.
Du bist auf der Erde und mit den irdischen Vorgehensweisen, Gefühlen und Gedanken vertraut. Wenn du weißt, dass dein Traum in die Mühle der irdischen Gesetze gerät – Zeit spielt plötzlich eine Rolle, Raum, du brauchst Gerätschaften, vielleicht eine andere Wohnung, Geld –, sobald du ihn leben willst, dann wird er dir vertraut. Es ist machbar. Du kennst die Schritte. Du brauchst keine Fee, die den Zauberstab schwingt, und plötzlich ist alles anders. Du musst gut geerdet sein, damit du dein Leben

gestalten kannst, gerade so, als würdest du tatsächlich gärtnern. Dabei machst du dir die Finger schmutzig, du schwitzt, bekommst Muskelkater, und die Mücken plagen dich. Da fühlt sich vielleicht der Engel, die Prinzessin oder die Elfe in dir befleckt. Es gibt Unkraut zu jäten, und Steine müssen aus dem Acker geklaubt werden. Der Boden will vorbereitet sein, sprich, es gibt Vorschriften, Ämter, Formulare, Vermieter, Bauvorschriften …

Die Dinge sind meist realer als erwartet, irdischer, kantiger und rauer. Besonders für Menschen, die lieber mit dem Kopf in den Wolken schweben oder viel Scham und Schmerz in sich tragen, ist das schwer auszuhalten. Du hast vielleicht ein Idealbild, wenn du daran denkst, deine Berufung als Beruf zu leben, um dein Brot damit zu verdienen. Dieses Idealbild stimmt, aber nicht nur. Da gibt es auch die anderen Aspekte: Rückschläge, finanzielle Schwierigkeiten, eventuell sogar Neider. Es gibt Misserfolge, obwohl sich alles so gut anfühlte. Da ist vieles, was deine Scham aktivieren könnte, manchmal so viel, dass das Idealbild verloren geht. Behalte es im Herzen und im Kopf, doch dann gehe alles an, was nötig ist, um dieses Bild zu verwirklichen. Mache weiter. Du lernst, wirst immer besser. Die Zeit ist auf deiner Seite, wenn du dich für deine Impulse öffnest. Manche Rückschläge muss man erleben, um zu lernen und die eigene Berufung noch besser zu erfassen und zu verstehen. Misserfolge schleifen dich, wenn du dich nicht zerbrechen lässt. Lasse dich nicht entmutigen, und suche dir Freunde, die dich ermuntern, weiterzumachen, aber auch ehrlich sind und deutliche Worte wählen, wenn du dich verrennst. Wenn du deiner Berufung folgen willst, brauchst du Menschen, die dich verstehen und die dir nicht sagen: »Was machst du auch für einen Quatsch, ich habe dir ja gleich gesagt, das wird nichts.« Niemals darfst du anderen erlauben, dich zu beschämen, wenn du dich auf diesen so besonderen Weg machst. Halte durch. Korrigiere immer wieder die Richtung, aber behalte dein Idealbild im Herzen. Dann wirst du dich eines Tages ganz überraschend in einer Situation wiederfinden, in der alles genau so ist, wie du es dir vorgestellt hast. Und dafür lohnt sich der Weg.

Die Erde hat noch ein Geschenk für dich, eine Information:

Weil dich das, was du so liebst, so tief berührt, überforderst du dich vermutlich regelmäßig. Du musst lernen, mit deinen Energien gut umzugehen, auch das gehört dazu, wenn du den Weg der Berufung gehst. Sei realistisch. Sei vernünftig. Suche dir Hilfe, frage Experten, wenn es welche gibt. Wähle deine Freunde klug. Mache diesen Businessplan. Und dann fliege auf den Schwingen deiner Inspiration bis hoch zu den Sternen.

Doch was ist, wenn du gar nicht weißt, worin deine Berufung oder deine Bestimmung überhaupt besteht? Die meisten Menschen spüren zwar eine Unzufriedenheit in Bezug auf ihren Job, doch sie wissen nicht, was sie wirklich tun wollen. »Etwas mit Menschen«, »etwas mit Tieren«, »etwas Spirituelles« oder: »Ich will schreiben«, sagen sie, doch was und wie, das liegt im Nebel.
Doch mit Nebel können wir arbeiten. Er entsteht, wenn sich Wasser (Süden, Gefühle, das Innere Kind) und Luft (Norden, klares Denken, der Innere Erwachsene) vermischen. Das ist gut, wenn es in der Natur passiert und die Pflanzen benetzt werden. Es ist weniger gut, wenn wir klar sehen wollen und uns Gefühle, das Wasser im Medizinrad, den Blick verwehren.

Schauen wir uns nun also genau die Verteilung der bei dir wirkenden Kräfte im Medizinrad an.

Zunächst bitten wir die Elemente, dir ihre Coachingfragen zu deiner Bestimmung oder Berufung und ihrer Umsetzung zu stellen. Coaching bedeutet, dass dir die Fragen helfen, deine eigenen Kräfte und Ressourcen zu erforschen und zu erwecken. Vertraue immer deinem ersten Impuls, und habe den Mut, ihn aufzuschreiben. Weißt du keine Antwort, dann schreibe auch das auf, lasse es offen. Nutze danach die Übung »Deine Wahrheit finden« (S. 85), um die offenen Fragen zu beantworten.

ÜBUNG

DEINE BESTIMMUNG ODER BERUFUNG ERKENNEN

Nimm dir etwas zum Schreiben, um deine Antworten festzuhalten.

Denke jetzt an eine Frage in Bezug auf deine Bestimmung oder deine Berufung. Formuliere sie bewusst und schriftlich. Stelle immer nur eine Frage pro Durchgang, und wiederhole die Übung, falls du mehrere Fragen zum Thema hast.

Suche dir aus, in welcher Reihenfolge du dich den Elemente mit ihren Fragen an dich widmen willst. Lasse jedoch kein Element aus. Gerade das, dem du dich am wenigsten zuwenden möchtest, könnte jenes sein, von dem du die wertvollsten Antworten erhältst.

Ich beginne hier mit dem **Feuer.** Deine Bestimmung oder Berufung ist das, wofür du wirklich brennst, und deshalb findest du hier vor allem die Antwort auf die Frage, worin sie überhaupt besteht. Wenn du konkrete Pläne hast, hilft dir das Feuer, sie in Taten umzusetzen.

- Was erfüllt dich mit Leidenschaft, worüber könntest du den ganzen Tag reden?
- Was würdest du am allerliebsten tun, wenn du kein Geld verdienen müsstest und auch sonst keine Verpflichtungen hättest?
- Glaubst du an dich und deine Tatkraft, kannst du das, was du tun willst, durchsetzen?
- Bist du in der Lage, dir Respekt bei denen zu verschaffen, die dich kleinmachen wollen, und in jeder Hinsicht dafür zu sorgen, dass du deine Visionen umsetzen kannst?

- Bist du in der Lage, dich aus Co-Abhängigkeiten zu befreien und wirklich für dich selbst einzustehen, um zu tun, was du liebst und wozu du geboren wurdest?
- Wofür brennst du, wofür würdest du durchs Feuer gehen?
- Was schenkt dir Selbstvertrauen? Worin bist du wirklich gut, auch wenn du es vielleicht nicht laut sagen würdest?
- Wenn du eine einzige Botschaft für die Welt hättest, welche wäre das? Wie könntest du diese Botschaft in die Welt bringen?
- Gibt es etwas, was dich daran hindert, anzufangen und zu tun, was du tun willst? Wenn ja: Wie könntest du dieses Hindernis überwinden?

Machen wir weiter mit der **Luft,** der Klarheit, dem Inneren Erwachsenen und dem gesunden Menschenverstand. Die Luft schenkt dir einen Überblick über das große Ganze. Hier kannst du deine Wunschträume von echten Visionen unterscheiden und überprüfen, ob du deine Pläne vernünftig durchdacht hast.

- Sind deine Pläne gut durchdacht oder bislang nur Hirngespinste?
- Bist du bereit, deine Luftschlösser auseinanderzunehmen und zu unterscheiden, was machbar ist und was nicht?
- Erlaubst du dir, angstfrei und kühn zu planen und dir von Menschen helfen zu lassen, die sich mit dem auskennen, was du gern tun würdest?
- Hast du Vorbilder, die ihr Leben so leben, wie sie es wollen? Was kannst du von ihnen lernen?
- Bist du offen für deine Visionen, oder hindern dich Zweifel daran, sie ernst zu nehmen?
- Welche Gedanken helfen dir, das umzusetzen, was du tun willst?
- Welche Gedanken hindern dich an der Umsetzung?
- Wie kannst du dich selbst daran erinnern, große und kühne Gedanken zu denken, die dich und deine Bestimmung oder Berufung unterstützen, statt im Zweifel zu verharren?

- Bist du in der Lage, klar und deutlich zu sagen, was du willst? Wenn nicht: Was würde dir dabei helfen?
- Kannst du die Verantwortung für deine eventuelle berufliche Veränderung tragen, auch wenn sie anderen Menschen Schwierigkeiten bereiten könnte? Wenn nicht: Was würde dir helfen?

Wenden wir uns dem **Wasser** zu, dem Inneren Kind, deinem inneren Fluss und deinen Gefühlen. Das Wasser zeigt dir, ob du in emotionaler Hinsicht stabil und damit innerlich frei genug bist, um für deine Berufung oder Bestimmung einzustehen. Es erinnert dich an deine Lebendigkeit und Lebensfreude.

- Fühlst du dich lebendig, wenn du an das denkst, was du gern machen würdest?
- Beginnt etwas in dir, zu fließen, musst du lächeln, wenn du an deine Berufung oder Bestimmung denkst?
- Wird es leichter in dir, wenn du dir vorstellst, dass du deiner Berufung nachgehst oder deine Bestimmung lebst?
- Bist du emotional in der Lage, das zu tun, was du gern tun möchtest? Oder würde es dich überwältigen (zum Beispiel das Leid, das du sehen würdest, wenn du ein Tierheim aufmachst)? Wenn Letzteres zutrifft: Was gäbe dir emotionalen Halt?
- Kennst du dein Inneres Kind, und kannst du es gut in dir beschützen? Weißt du, dass es keine Verantwortung für andere tragen muss, kann und darf?
- Sind dir die Bedürfnisse deines Inneren Kindes bewusst, und gibst du ihm genug Aufmerksamkeit? (Tut man das nicht, dann kann das Innere Kind eine Berufung oder Bestimmung blockieren, weil es Angst hat, zu scheitern, in der Öffentlichkeit stehen zu müssen oder einfach wieder übergangen zu werden. Ein ungehütetes Inneres Kind kann einem das ganze Leben zur Hölle machen.)
- Nimmst du die Gefühle anderer in dich auf, statt dich selbst zu spüren, und bist deshalb nicht in der Lage, wirklich zu fühlen, was

du tun willst, und das auch umzusetzen? Wenn ja: Was fühlst du wirklich in Bezug auf deine Bestimmung oder Berufung?

- Bist du mit vollem Herzen dabei, tust du wirklich, was du liebst, und gestattest du dir das überhaupt? Wenn nicht: Was würde dir helfen?
- Kannst du dir erlauben, so erfüllt, glücklich und in deiner Kraft zu sein, wie du es wärst, wenn du wirklich für das einstehen würdest, wozu du geboren wurdest? Wenn nicht: Was würde dir helfen?

Geben wir nun der **Erde** Gelegenheit, dir ihre Fragen zu deiner Bestimmung und deiner Berufung zu stellen. In der Erde nährst und hütest du deine Wünsche, Träume und Visionen, bis du sie gebärst. Sie zeigt dir, ob du fruchtbar bist, damit du nähren kannst, was du nähren willst, oder ob du über Gebühr für andere da bist und deine Nährstoffe wie deine Aufmerksamkeit, deine Zeit, dein Geld und deine Gesundheit von ihnen aufbrauchen lässt.

- Hast du genug Raum in dir, um deine eigenen Träume zu träumen, oder kümmerst du dich ständig um die Pläne und Ideen anderer?
- Kannst du an dem Platz, an dem du bist, das tun, was dir wirklich am Herzen liegt?
- Fühlst du, dass du auf dem Weg bist, deine Berufung oder Bestimmung in die Tat umzusetzen? Braucht es einfach noch ein wenig Zeit?
- Stimmt dein Fundament, weißt du, was du kannst, und hast du genug Kraft, um zu tun, was du tun willst?
- Wie sieht es mit deinen Finanzen aus, hast du genug Geld, um das, was du tun willst, in die Tat umzusetzen?
- Hast du die Geduld und Gelassenheit, den Dingen Zeit zu geben, sich zu entwickeln? Wenn nicht: Wie könntest du sie aufbringen? Was bräuchtest du?
- Nimmst du dir genügend Zeit, um deinen Traum zu träumen? Ist dir überhaupt bewusst, dass du deinen Traum nährst, indem du

dir seine Erfüllung ausmalst, an ihn denkst und ihn mit deiner Liebe erfüllst?

- Nimmst du das, was du willst, wirklich ernst? Machst du es zur wichtigsten Angelegenheit deines Lebens, hast du dich sozusagen davon schwängern lassen, und trägst du dieses »Baby« auch wirklich aus? Wenn nicht: Was würde dir helfen? Was müsstest du noch wissen, damit du deine Berufung oder Bestimmung ernst nehmen könntest?

Schauen wir jetzt zum **Zentrum.** Hier bist du in Kontakt mit dir selbst, deiner irdischen Schöpferkraft, deiner Seele, deinen geistigen Führern und Lehrern und mit deiner Sexualität. Das Zentrum, die Mitte, ist dein Platz im Leben. Hier laufen alle Kräfte zusammen, und von hier aus regierst du deine Welt.

- Bist du ganz und gar du selbst, wenn du an deine Pläne denkst? Entsprechen sie wirklich dir?
- Kannst du so bleiben, wie du bist, um deine Wünsche und Träume in die Wirklichkeit umzusetzen, oder musst du dich verbiegen?
- Fühlst du, dass du in dir ankommst, wenn du das tust, was du tun möchtest?
- Gehst du völlig in dem auf, was du machen willst, und kommst du in einen inneren Flow? Oder bleibt es immer ein wenig anstrengend und künstlich?
- Entfaltest du dich durch das, was du machen willst, zu deinem Besten? Willst du dich vollkommen hingeben, oder hältst du etwas in dir zurück?
- Fühlst du dich eins mit dir, wenn du an das denkst, was du tun willst, auch wenn es manchmal anstrengend sein könnte?
- Wirst du am Ende deines Weges sagen können, dass du ein erfülltes Leben hattest, wenn du das in die Tat umsetzt, was du vorhast? Wenn nicht: Was würde dir helfen? Was solltest du tun, damit es so sein wird?

- Fühlst du dich in jeder Hinsicht inspiriert, lebendig und genau am richtigen Platz in dir, wenn du an das denkst, was du tun willst?

Lasse dir Zeit mit der Beantwortung der Fragen. Einige mögen für dich von besonderer Bedeutung sein, andere weniger.
Wenn du alle Informationen über dich und deine Bestimmung oder Berufung zusammengetragen hast und deine Kräfte aktiviert sind, kannst du Entscheidungen treffen und dein Leben neu ausrichten.
Erinnere dich: Schon allein die Beschäftigung mit diesen Fragen aktiviert in dir Kräfte, von denen du bislang nicht einmal wusstest, dass du sie hast.

Brauchst du zwischendurch einen raschen Impuls der Elemente, einen Kraftschub, der dich inspiriert oder dir Sicherheit gibt, dann nutze die nächste Übung.

ÜBUNG

KRAFT SCHÖPFEN IM KREIS DER KRISTALLE

Stelle dir vier riesige, machtvolle Kristalle vor, die in einem Kreis stehen. Die Mitte des Kreises wird durch eine strahlende, goldene Scheibe markiert.

Stelle dich auf die goldene Scheibe, und fühle, wie dich augenblicklich Kraft durchströmt.

Denke an das Thema, zu dem du einen Impuls brauchst, oder nimm deine Unsicherheit wahr. Du musst die Gedanken oder das Gefühl nicht ausformulieren.

Die vier Kristalle erstrahlen und senden dir ihre Kraft. Du bekommst:

- Klarheit aus der Luft,
- Tatkraft und Begeisterung aus dem Feuer,
- Lebensfreude und emotionales Gleichgewicht aus dem Wasser
- und Stabilität und innere Sicherheit aus der Erde.

Wende dich jedem dieser Elemente zu, und lasse dich von allen Seiten von ihnen bestrahlen. Du brauchst dabei nicht viel wahrzunehmen, vertraue den Kräften der Elemente. Sie nähren und beflügeln dich, auch wenn du es nicht ausdrücklich fühlst.

Wenn du stabil mit den Elementen verbunden bist, beginnt das Rad der Elemente, sich um das Zentrum zu drehen. Die Kräfte bilden jetzt einen Wirbel und verbinden sich in dir miteinander und mit dem Zentrum.

Nach einer Weile ebbt der Wirbel wieder ab. Die Kräfte haben sich nun in dir verankert und werden dir nach und nach oder auch plötzlich Erkenntnisse schenken. Bleibe noch einen Moment in der Mitte stehen. Die Kraft des Zentrums strömt weiter in dich ein.

Öffne die Augen, und sei wieder ganz im Hier und Jetzt. Du bist nun stabiler, klarer und wieder in deiner Mitte.

Brauchst du rasche, konkrete Antworten oder machtvolle Impulse, um eine Entscheidung zu treffen oder etwas zu verstehen? Dann nutze die folgende Übung. Sie hilft dir auch, noch ausstehende Antworten auf Coachingfragen zu finden.

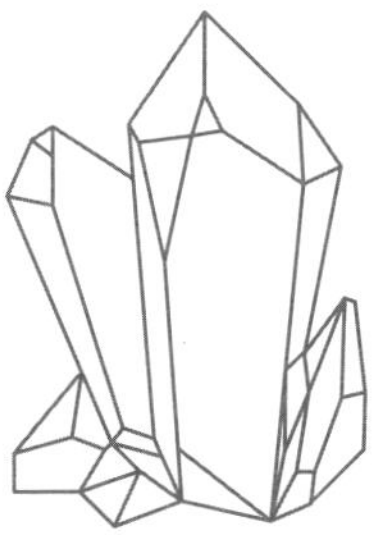

ÜBUNG

DEINE WAHRHEIT FINDEN

Stelle dir vier machtvolle Kristalle vor, die in einem Kreis stehen. Die Mitte des Kreises besteht aus einer goldenen Scheibe.

Begib dich in die goldene Mitte dieses Kristallkreises.

Stelle deine konkrete Frage.

Wende dich nun dem Kristall zu, der dich anzieht. Frage ihn, welches Element er repräsentiert.

Jetzt strömt Energie aus diesem Kristall zu dir. Er hat Botschaften für dich, die als Ahnung, als inneres Bild oder als plötzliches Wissen zu dir kommen. Wichtig ist: Erwarte keine Ja-oder-Nein-Antwort. Die Elemente sagen dir nur in Ausnahmefällen, was du zu tun hast. Sie geben dir ihre Kraft und die Information aus ihren Reichen. Entscheiden darfst du selbst.

Wende dich nacheinander allen Kristallen zu, und nimm ihre Botschaften in dich auf.

Konzentriere dich jetzt auf die Mitte. Lasse alle Botschaften in dir zusammenwirken. Vertraue dem, was du wahrnimmst.

Jetzt weißt du, was zu tun oder zu lassen ist. Verlasse den Kreis, und sei dir sicher, dass er immer für dich da ist.

Je öfter du diese inneren Bilder aufrufst, desto leichter fällt es dir, Antworten und Impulse der verschiedenen Elemente wahrzunehmen. Die Antworten und Impulse sind immer da. Je bewusster du dich darauf ausrichtest, sie zu empfangen, desto mehr trainierst du deine Wahrnehmung.

Die nächste Übung hilft dir, deine Aufmerksamkeit noch stärker auf die Kraft der Elemente auszurichten.

ÜBUNG

DAS RAD DER WEISEN KRÄFTE DAUERHAFT LEGEN

Suche dir einen ungestörten Platz in deiner Wohnung, der dir von nun an als eine Art Altar dient. Gibt es keinen, dann räume dir eine Ecke in deinem Schrank oder in einer für andere unzugänglichen Schublade frei.

Lege aus deinen Kraftgegenständen und mithilfe deines Kompasses ein kleines Elementerad auf diesen Platz. Es genügt, wenn es einen Durchmesser von zwanzig Zentimetern hat.

In die Mitte legst du das Symbol für dein Zentrum, deine Schöpferkraft, deine Seele.

Um das Elementerad zu aktivieren, nimm einen Kristallstab, wenn du einen hast, deinen Lieblingsstift, weil er mit positiver Energie aufgeladen ist, oder nutze einfach einen Zeigefinger. Kreise damit ein paarmal im Uhrzeigersinn über das Rad, und bitte es, von nun an für dich aktiv zu sein.

Wann immer du eine Frage in Bezug auf deine Berufung oder deine Bestimmung hast, schreibe sie auf einen kleinen Zettel, und lege diesen in das Zentrum. Klebezettel können hier gute Dienste leisten.

Vertraue darauf, dass die Elemente deine Frage mit ihrer Kraft nähren. Verbringe jeden Tag ein paar Minuten an diesem Platz. Wenn du magst, zünde in dieser Zeit eine Kerze an, oder halte deine Hände über das Elementerad. In Kürze wirst du eine Erkenntnis haben, verlasse dich darauf. Manchmal spürt man zunächst, was man auf keinen Fall mehr tun will, bevor sich die Berufung oder Bestimmung zeigt. Habe also etwas Geduld. Sie will dich finden, denn sie gehört ja zu dir und braucht dich, um gelebt zu werden.

Lasse das Elementerad als Impulsgeber und Kraftquelle liegen. Es schenkt dir von nun an auch in Bezug auf andere Fragen deines Lebens Erkenntnisse.

Deine Bestimmung findet dich. Sie meint es ernst, selbst dann, wenn du dich gegen sie wehrst. Du lebst sie schon, es ist dir nur noch nicht in allen Aspekten bewusst. Weil es deine Bestimmung ist, gibt es nichts Wichtigeres für dich. Sie ist dir so vertraut, dass du sie vielleicht bis jetzt nicht als solche erkannt hast, oder sie war dir nicht grandios genug. Vielleicht schmerzt es dich, sie zu leben, und du versuchst, dich zu verweigern, zum Beispiel, wenn es darum geht, Ahnenthemen in die Heilung zu bringen. Je bereitwilliger du dich deiner Bestimmung hingibst, desto erfüllter wirst du sein, weil du spürst, dass du auf deinem Weg bist, selbst wenn er manchmal schmerzhaft ist, statt in der Verweigerung zu verharren. Deine Berufung findet dich ebenso. Sie hat dich schon längst auf einen Entwicklungsweg geschickt, damit du alles lernst und in dir entwickelst, was du brauchst, um sie zu leben. Deshalb gehe einfach weiter, nutze die Kräfte der Elemente, die in dir auf einzigartige Weise zusammenwirken, und schenke dir und deiner Bestimmung oder Berufung täglich ein Ja.

BEZIEHUNG UND **PARTNERSCHAFT** – DEINE ERFÜLLUNG IN DER LIEBE FINDEN

LIEBE DICH SELBST, DANN GIB DEINE LIEBE WEITER

Die meisten Menschen sehnen sich sehr danach, mit einem geliebten Menschen verbunden zu sein, und sind bereit, viel zu tun, damit dieser Wunsch in Erfüllung geht. Gleichzeitig scheint es so, als hätte man den Jackpot geknackt, wenn man tatsächlich der wahren Liebe seines Lebens begegnet. Was macht es so schwierig, eine erfüllte, glückliche Liebesbeziehung zu führen, wenn es sich doch fast jeder wünscht und bereit ist, einiges dafür zu investieren?

Die Elemente sagen dazu: »Fast immer versucht ein Mensch, seine Defizite durch einen anderen auszugleichen, und nennt das Liebe. Doch Liebe entsteht nur im Zustand echter Unabhängigkeit. Werde zunächst ganz, und begegne dann aus dieser Ganzheit heraus einem anderen Menschen. Ganz wirst du, indem du aus dem Zentrum heraus agierst und alle deine Elemente ins Gleichgewicht bringst. Dann ziehst du genau den Menschen an, der zu dir passt und selbst in sich ausbalanciert ist.«

Das haben wir alles schon gehört? Ja, das stimmt. Gerade deshalb ist es so sinnvoll, das Rad der Elemente zu nutzen, um in jenes Gleichgewicht zu kommen, das so entscheidend ist, wenn man eine erfüllte Liebesbeziehung führen möchte.

Was haben die Elemente und ihr Gleichgewicht mit Liebe zu tun?

Die **Luft** steht in der Liebe für die Klarheit im Denken und als Persönlichkeitsanteil für den Inneren Erwachsenen, der besonnene und sachliche Entscheidungen treffen kann, weil er die Konsequenzen seiner Handlungen trägt. Er ist zuverlässig und verantwortungsbewusst. In der Liebe weiß er, was er will, und er hält seine Versprechungen. Er kann Kompromisse schließen, vernünftige, bewusste und gute Lösungen finden und klar kommunizieren. Der Innere Erwachsene ist in der Lage, die Dinge zu überblicken und ebenso die Sichtweise des anderen einzunehmen, um diese zu verstehen.

Ist der Luftanteil nicht im Gleichgewicht, dann kann man sich in Tagträumereien verlieren, sich Luftschlösser bauen, innere romantische Filme drehen – positiv wie negativ. Wir träumen von dem Märchenprinzen, von der Prinzessin, der oder die in unser Leben schwebt, und alles ist auf einmal gut. Echte Liebe vermeiden wir, weil sie niemals so romantisch und glückselig sein kann, wie wir das in unseren Träumen erleben. Oder wir leben in einem inneren Horrorfilm, in dem sich unsere Angst vor Bindung in furchterregenden Szenarien zeigt. Wir fantasieren uns Schreckensbilder herbei, in denen wir verletzt, verlassen und beschämt werden, so, wie wir das schon kennen. Leben wir in einer Beziehung, dann idealisieren wir den anderen oder unterstellen ihm ständig, dass er uns verletzen will. Wir leben in einer positiv oder negativ gefärbten Illusion, nicht in der Realität. Oder aber wir verbieten uns jeden Gedanken an Liebe und leben scheinbar rational und vernünftig nur aus dem Kopf heraus, wenn das Element Luft in uns überhandnimmt. Wir sind emotional nicht erreichbar und flüchten uns in Gedankenkonstrukte.

Das **Wasser** steht in der Liebe für unsere Gefühle und als Persönlichkeitsanteil für das Innere Kind, das im besten Fall spielerisch, zärtlich, fantasievoll und zutraulich ist. Im weniger idealen Fall ist es verletzt, misstrauisch, sehr bedürftig, und es verwechselt Liebe mit dem Kampf um Liebe. Wenn das Wasser in uns ausgewogen fließt, dann können wir unsere Gefühle zulassen, wir können Liebe fühlen und sie mit dem anderen teilen. Wir können uns auf Nähe einlassen, mit dem anderen verschmelzen, zusammen fließen und dann wieder eigene Wege gehen. Wir fühlen uns selbst, und wir fühlen den anderen. Wir sind sowohl empathisch mit uns selbst als auch mit dem anderen, und wir können zwischen den eigenen Gefühlen und denen des Gegenübers unterscheiden. In emotionaler Hinsicht sorgen wir für uns selbst und sind deshalb ein sicherer und stabiler Partner, auch und besonders dann, wenn wir Herausforderungen zu meistern haben.

Ist das Element Wasser in uns im Ungleichgewicht, dann leben wir aus den Emotionen heraus statt aus unserer Mitte. Unsere Gefühle bestimmen unser Handeln, wir agieren unreflektiert, unbewusst und meist aus der Vermeidung von Schmerz heraus. Für den Partner sind wir nicht vertrauenswürdig, weil wir ein Spielball unserer momentanen Gefühle sind. Er kann sich nicht auf uns verlassen und wird in den meisten Fällen zur Projektionsfläche unserer unerfüllten Sehnsucht nach Liebe. Wir sehen den anderen nicht so, wie er ist, sondern vermuten in ihm den Retter oder denjenigen, der uns auch wieder nur verlassen wird. Wir sind auf der Suche nach Liebe, nach Sicherheit, nach Stabilität und zerfließen gleichzeitig im anderen. Wir handeln co-abhängig statt selbstbestimmt, machen es dem anderen recht oder sind in ständiger Abwehrhaltung, statt unsere eigene Wahrheit zu vertreten. Wir verkörpern das Innere Kind, das fast immer irrational, bedürftig und sehr verletzlich ist, statt es als emotionalen und Schutz suchenden Anteil in uns zu hüten und zu beschützen.

Das **Feuer** steht in der Liebe für die Tatkraft, mit der wir aktiv für unsere Beziehung sorgen. Als Persönlichkeitsanteil steht das Feuer für Männlichkeit und den Inneren Mann, egal, ob du männlich oder weiblich bist. Ist das Element Feuer in dir in Harmonie mit den anderen Elementen, dann tust du das, wofür du brennst. Du zeigst deine Liebe durch Handlungen, du bist präsent und greifbar. Du tust, was du versprochen hast, und setzt dich für eure gemeinsamen Belange ein. Du befruchtest eure Beziehung mit deinen Ideen und zeigst deine Liebe, indem du etwas für den Partner oder für euch beide tust. Du weißt, was du willst, und setzt dich mit voller Kraft dafür ein. Mit dir kann man Pferde stehlen, du bist da und einsatzbereit. Als Mann befruchtest du deine Partnerin mit dir selbst, mit deinen Ideen, deiner Tatkraft und deiner Sexualität. Du vertraust ihr dein Feuer an und erlaubst ihr, es zu hüten.
Die männliche Seite wird oft mit Logik und rationalem Denken gleichgesetzt, doch das stimmt nicht, denn diese Eigenschaften gehören zum Inneren Erwachsenen, zur Luft, egal, ob man Mann oder Frau ist. Männer neigen nur eher dazu, sich selbst über ihre Logik zu kontrollieren als Frauen, deshalb halten wir Sachlichkeit für männlich. Echte männliche Kraft zeigt sich aber dadurch, dass wir selbstbestimmt und kühn das tun, was wir von innen heraus tun wollen.

Ist das Element Feuer im Ungleichgewicht, dann bist du lethargisch. Du hast womöglich große Pläne und redest viel darüber, doch du setzt sie nicht um. Du reichst dem Partner sozusagen Asche statt Feuer, gibst ihm leere Versprechungen statt deiner Tatkraft. Vielleicht arbeitest du sehr viel und nutzt deine Tatkraft, um die Leere in dir nicht zu fühlen oder um den anderen zu kontrollieren. Du treibst euch beide an und kommst nie zur Ruhe. Gleichzeitig scheust du dich, deine wahren Ziele zu formulieren und so lange für sie einzustehen, bis du sie erreicht hast. Du bleibst ein wenig unnahbar, bist nie ganz greifbar und lässt dich nicht voll und ganz auf die Beziehung ein. Du lässt in der Partnerschaft vieles schleifen, du hast Großes vor, doch es gibt nur wenig Ergebnisse.

Die **Erde** steht in der Liebe für das Nähren, die Stabilität und die Hingabe an die Beziehung. Als Persönlichkeitsanteil steht sie für Weiblichkeit und für die Innere Frau, ganz gleich, ob du männlich oder weiblich bist. Die weibliche Seite, vor allem die von Männern, wird oft als schwach oder emotional bezeichnet, doch nichts könnte weniger zutreffen. Diese Eigenschaften gehören eher zum Inneren Kind, wenn es bedürftig ist. Echte weibliche Kraft ist bodenständig, zuverlässig, belastbar und in sich stabil.
Ist dieses Element in dir im Gleichgewicht, dann gibst du deinem Partner Halt und nährst eure Beziehung mit deiner Liebe, deiner Zeit, deiner Aufmerksamkeit und deiner Achtsamkeit. Du bist in dir selbst zu Hause, kennst deine Bedürfnisse und sorgst gut für dich. Du nimmst dir Zeit für dich und bist der sprichwörtliche Fels in der Brandung. Du gibst dich rückhaltlos hin, ohne dich im anderen zu verlieren. Auf dich ist Verlass, weil du weißt, was du willst, und du die Kraft hast, dafür einzustehen. Du bist mitfühlend und liebevoll. Bist du eine Frau, dann bist du bereit und in der Lage, das Feuer deines Mannes wie in einer Feuerschale in dir zu hüten. Bist du ein Mann, dann vertraust du dem Weiblichen. Du bist in der Lage, dich hinzugeben.

Ist das Element Erde in dir im Ungleichgewicht, dann fehlen dir Durchhaltevermögen und die Fähigkeit, eure Beziehung zu nähren. Du kannst eure gemeinsamen Pläne nicht zum Erfolg führen, selbst wenn du viel dafür tust. Deine Vorhaben tragen keine oder nur wenige Früchte und versanden. Fehlt die Erde, dann fehlt die Hingabe in der Liebe. Du lässt dich nicht ganz auf echte Nähe zu dem Partner ein, ein Teil in dir bleibt ihm verschlossen. Du bist nicht bereit, dich selbst vollkommen in die Beziehung einzubringen und euch beide mit deinen Fähigkeiten zu nähren. Oder du gibst viel zu viel und überfütterst eure Beziehung mit deiner Fürsorge. Als Frau bist du nicht bereit oder nicht in der Lage, das Feuer deines Mannes zu hüten. Als Mann bist du nicht willens, dich dem Weiblichen anzuvertrauen.

Das **Zentrum** steht in der Liebe vor allem für deine Sexualität und für die Seelenpartnerschaft. In der Liebe bedeutet das Zentrum: Du stehst bewusst auf deinem Platz, du öffnest dein Herz und bist mit dir selbst in Kontakt. Du bist mit deiner Seele verbunden, bist voll und ganz bei dir, während du zum anderen hinschaust. Du gehst deine Beziehung zu ihm aus deiner Mitte heraus ein, liebst aus vollem Herzen, verlierst dich weder in den Elementen in dir noch im anderen. Du kannst dich auch in der Sexualität öffnen und mit deiner ganzen Kraft präsent sein. Du bist bei dir, während du gleichzeitig in Beziehung bist.

Stehst du nicht in deinem Zentrum, dann weißt du nie genau, ob du diese Beziehung wirklich willst. Du zweifelst, fühlst heute mal so, am nächsten Tag wieder anders. Du bist hin- und hergerissen und schaust dich eventuell sogar immer wieder nach anderen Partnern um. Du weißt nicht, was du willst, und drehst dich sozusagen im Kreis. Du kannst keine stabile Beziehung aufbauen, weil du in deiner Beziehung zu dir selbst nicht wirklich präsent bist. Die Elemente in dir ziehen dich in ihren Strudel, allen voran das Wasser, das Innere Kind, das fast immer Angst hat, verlassen zu werden. In der Sexualität bist du auf ungesunde Weise zurückhaltend, oder du lieferst eine sexuelle Performance ab, du trägst Masken, statt dich authentisch und voller Lust dir selbst und deinem Partner hinzugeben.

Die Elemente möchten dir in der ersten Übung ihre Kraft geben, damit du wahrhaftig lieben kannst, ohne dich dabei aufzugeben. Je stabiler und liebender du in dir selbst ruhst, desto rückhaltloser kannst du dich einem anderen Menschen öffnen. Begib dich dazu in Gedanken auf eine innere Reise. Wenn du willst, dann lege dir in der Natur ein Elementerad, und setze dich in die Mitte, oder nimm vor bzw. in deinem Elementerad in deiner Wohnung Platz.

ÜBUNG

RÜCKHALTLOS LIEBEN LERNEN DURCH DIE KRAFT DER ELEMENTE

Setze dich in Gedanken oder physisch in das Zentrum deines Elementerades. Stelle dir diese Mitte als eine goldene Scheibe vor.

Bitte darum, dass dir die Elemente das geben, was du brauchst, um rückhaltlos und bedingungslos lieben zu können. Die Reihenfolge, in der die Elemente dir ihre Kraft geben, kann auch anders sein als die, die ich hier gewählt habe. Erlaube, dass es so geschieht, wie es für dich richtig ist.

Wende dich in Gedanken dem Element **Erde,** der Weiblichkeit, zu. Spüre ihre nährende, stabile Kraft. Ein wundervolles Wesen erscheint und reicht dir eine Schale. In diese Schale kannst du alles hineinlegen, was du in dir hüten und nähren willst, egal, ob du ein Mann oder eine Frau bist. Diese Schale ist der ideale Ort für dein Feuer und für deine Pläne, Wünsche und Träume, und sie passt genau zu dir. Sie kann klein oder groß sein, aus Licht, aus Perlmutt, aus Holz oder aus Stein, so, wie es zu dir und deinen Plänen passt. Nimm diese Schale, und lege sie in dein Becken oder in deinen Bauchraum. Diese Schale gibt dir ein Gefühl von innerem Halt und bildet in dir deine weibliche Mitte. Atme in diese Schale hinein, und fühle die Veränderung. Das Wesen der Erde verschwindet, doch du weißt, dass es jederzeit für dich da ist.

Das Element **Feuer** ruft dich zu sich. Du siehst ein prachtvolles Lagerfeuer, es wärmt dich und gibt dir Kraft. Ein wunderschönes Wesen kommt auf dich zu. Es hält eine brennende Fackel in der Hand. Es kommt näher, und du weißt, dass alles genau richtig ist. Die Feuerfackel ist dir jetzt sehr nah, und das fühlt sich wundervoll und sehr belebend an. Das Wesen schaut dich an und fragt: »Darf ich das innere Feuer deiner Tatkraft, deiner Inspiration und deiner Männlichkeit in dir entfachen?« Du nickst, und das Wesen hält die Fackel direkt vor deinen Bauch. Mühelos gleitet die Fackel in deinen Körper. Das Feuer befindet sich nun in deinem Bauchraum. Es stärkt dein eigenes inneres Feuer oder entflammt es ganz neu. Dein inneres Feuer hat jetzt genau die Stärke und die Größe, die zu dir passen und die du brauchst. Das Wesen zieht die Fackel wieder aus dir heraus. Du weißt, dass es dir jederzeit hilft, dein inneres Feuer zu stärken. Atme in das Feuer hinein, und nimm wahr, was sich in dir verändert.

Das Element **Luft** ruft dich und möchte dir etwas geben. Du wendest dich ihm zu und erkennst ein sehr lichtvolles Wesen, das auf dich zukommt. Ein betörender Duft umweht dieses Wesen, und du fühlst dich augenblicklich klar und innerlich frei. »Du trägt viele Belastungen in Form von Gedanken«, sagt das Wesen, und es bittet dich, dir diese Gedankenlast abnehmen zu dürfen. Du nickst, und auf einmal kommt es dir vor, als trügest du einen metallenen Taucherhelm oder eine sehr schwere Krone auf dem Kopf. »Diese Schwere ist durch deine immer wiederkehrenden Gedanken der Angst entstanden«, erklärt das Wesen, »und das war bisher auch richtig so. Doch jetzt hindert dich diese mentale Last daran, neue Wege in der Liebe zu gehen.« Das verstehst du, und du erlaubst, dass dir das Wesen jetzt diese Krone oder den Taucherhelm abnimmt. Augenblicklich fühlt sich dein Kopf befreit an, und du kannst Gedanken der Liebe und des Vertrauens denken. Das Wesen der Luft verabschiedet sich, und du weißt, dass es dir jederzeit hilft, dich von mentalen Lasten zu befreien.

Das Element **Wasser** will für dich da sein. Du wendest dich dem Wasser zu, und auch hier begegnet dir ein zauberhaftes Wesen. Es führt dich zu einer Quelle und reicht dir einen Becher mit Quellwasser. Du trinkst aus dem Becher und lässt dich jetzt zu einem

Wasserfall führen. »Das Wasser wäscht alle Enttäuschungen und Zurückweisungen von dir ab, innen und außen«, sagt das Wesen. »Es spült jede Abweisung und jedes Nein aus dir heraus und öffnet dich für das Ja zur Liebe.« Du legst deine Kleidung ab und stellst dich unter den prasselnden, angenehm warmen oder kühlen Wasserfall. Jetzt erkennst du, wie verspannt und verkrampft du durch all die Enttäuschungen und Zurückweisungen bist. Das Wasser strömt über dich hinweg und auch durch dich hindurch. Es löst die Verkrampfungen und sorgt dafür, dass du dich nach und nach in emotionaler Hinsicht wieder öffnest. Wenn du dich entspannter und leichter fühlst, trockne dich ab, ziehe dich wieder an, und danke dem Wesen des Wassers. »Komme gern wieder«, sagt es, »ich bin für dich da.« Du weißt, dass sich diese Verkrampfungen erst nach und nach lösen, nicht auf einmal, und so entscheidest du, bald wieder zu dem Wesen und dem Wasserfall zu kommen.

Du bist nun mit deiner Aufmerksamkeit im **Zentrum.** Eine Lichtsäule entsteht, und du wirst nach oben gezogen. Ein sehr lichtvolles Wesen erscheint und gibt dir ein Herz aus Licht. Dieses Herz strahlt und ist so wunderschön, wie du es noch nie gesehen hast. »Hier ist, was du brauchst«, sagt das Wesen, und es legt dir dieses heilsame Lichtherz in deine Brust. Das Lichtherz verschmilzt mit deinem physischen Herzen, und du spürst Wärme und Weite im Brustkorb. Weil du diese wundervolle Energie und damit neue Kraft in dir spürst, können sich nun die Verletzungen, Enttäuschungen und Zurückweisungen zeigen, die du bisher in der Liebe erlitten hast. Sie stecken in Form von Waffen in dem Herzen. Jetzt wird dir klar, warum es dir so schwerfällt, dich für die Liebe zu öffnen, obwohl du es dir so sehr wünschst. »Gib mir das verletzte Herz«, sagt das Lichtwesen, und es fühlt sich ganz natürlich an, ihm das Herz mit all den Waffen zu geben. Das Lichtwesen küsst das verletzte Herz und zieht sorgsam alle Waffen heraus. Entweder gibt es dir das Herz in geheilter Form zurück, oder das Herz löst sich jetzt auf. Dann entsteht ein neues Herz, das sehr gesund und kraftvoll ist. Das Lichtwesen setzt dir das geheilte oder das neue Herz in die Brust. Du stehst fest und stabil in deinem Zentrum und fühlst dieses kräftige, gesunde und liebende Herz in dir. »Komme wieder, ich heile dich auf allen Ebenen«, sagt das Lichtwesen des Zentrums, dann verschwindet es.

Nimm dir jetzt ein wenig Zeit, und ruhe dich aus, damit sich diese Kräfte in dir entfalten können.

In Liebesbeziehungen geht es darum, dass du, egal, was geschieht, aus deiner Mitte heraus agierst. Denn sonst weiß dein Gegenüber nie genau, was du in Wahrheit willst. Nur wenn du im Zentrum deines eigenen Medizinrades stehst, bist du mit deinem Herzen, deiner Selbstbestimmung und deiner Seele verbunden.

Stelle dir das so vor: Die Elemente Feuer (Männlichkeit und Leidenschaft), Wasser (Gefühle und Inneres Kind), Erde (Weiblichkeit und Hingabe) und Luft (Gedanken und Innerer Erwachsener) in dir werden von dem, was dein Partner tut oder auch nicht tut, sehr stark beeinflusst. Je näher ihr euch seid, desto stärker geraten die Elemente in dir in Aufruhr, wenn sich dein Partner anders verhält, als du es dir wünschst:

- Du denkst, er liebt dich nicht mehr (Luft).
- Du fühlst dich verlassen (Wasser).
- Du willst, dass er endlich in die Tat kommt (Feuer).
- Du fühlst dich in deiner Weiblichkeit nicht gesehen (Erde).
- Du nährst über Gebühr (Erde).
- Du bist schnell gekränkt (Wasser).
- Du machst viel zu viel in deiner Beziehung, statt den anderen machen zu lassen oder die Leere zwischen euch anzuerkennen (Feuer).
- Du hast rasch Trennungsgedanken, oder die Gedanken kreisen (Luft).
- Du antwortest auf sein Verhalten mit einer Gegenreaktion (Feuer).

Es ist wichtig, nach alten Verletzungen zu schauen und zu erkennen, welches Element in dir extrem in Aufruhr gerät, damit du es besänftigen und ins Gleichgewicht bringen kannst. In einer Liebesbeziehung ist es fast immer das Wasser, in dem das Drama tobt und das die anderen Elemente mit hineinzieht. Klar erkennen, wie die Dinge wirklich sind, kannst du allerdings nur, wenn du in deiner Mitte stehst. Wenn du dein Gegenüber aus dem sowieso schon übermäßig betonten Element heraus wahrnimmst und entsprechend handelst, dann verstärkst du den Aufruhr, und alle anderen Elemente machen mit.

Wie ist das gemeint? Du bist, aus welchem Grund auch immer, verletzt, zum Beispiel, weil der andere sich nicht meldet oder etwas, was dir wichtig ist, vergessen hat. Ob deine Verletzungen dem Anlass angemessen sind oder nicht, wissen wir im Moment noch nicht, und es spielt auch noch keine Rolle.

Was geschieht jetzt im inneren Rad der Elemente? Verletzungen finden immer im Wasser, also in den Gefühlen statt, und meist ist es das Innere Kind, das auf einmal schreit: »Das kenne ich, das wird böse enden!«, und damit meint, wieder verlassen zu werden. Das Innere Kind mit all seinen Gefühlen ist nicht nur einem Element, sondern auch einem Gehirnteil zugeordnet, so, wie du jedes Element und jeden inneren Anteil in einem bestimmten Gehirnareal findest. Das Wasser und die Gefühle entstehen in einem, entwicklungsgeschichtlich gesehen, sehr alten Gehirnteil, dem sogenannten limbischen System im Hinterkopf. Das limbische System springt bei Stress sofort an. Das Wasser in deinem inneren Elementerad hat also eine besonders starke Kraft, weil es in einem Gehirnteil zu Hause ist, der schnell, irrational und instinktiv reagiert.

Der emotionale Impuls der Verlassensangst ist sehr stark, weil du als Kind völlig von deinen Eltern abhängig warst und ohne sie gestorben wärst. Darum bist du auf einmal mit deiner gesamten Aufmerksamkeit im Element Wasser. Du hast deine Mitte verlassen und versuchst nun verzweifelt, den anrollenden emotionalen Fluten standzuhalten.

Nun musst du wissen:

Dort, wo du mit deiner Aufmerksamkeit und deinem Bewusstsein bist, ist immer das gefühlte Zentrum deines persönlichen inneren Elementerades.

Du bist also das Zentrum, egal, wo du dich befindest. Das heißt: Die Mitte ist auf einmal ins Wasser gerutscht, und alle anderen Elemente reagieren nun auf das Wasser statt auf das wahre Zentrum, in dem bewusste Stille herrscht und du bei dir bist.
Das Feuer, die Tatkraft, dient nun dem Wasser, dem Inneren Kind, so, wie das jetzt die Erde und die Luft auch tun. Du schmollst sichtbar, ziehst dich zurück, schreibst eine beleidigte WhatsApp-Nachricht (Feuer, weil es nach außen gerichtete Handlungen sind), du schmiedest Rachepläne (Luft), du isst zu viel oder nährst deine innere Leere auf eine andere schädliche Weise (Erde).
Du erwartest vom anderen, dass er dich zurück in dein Gleichgewicht bringt, doch das kann er nicht, wenn du nicht in deinem Zentrum stehst. Am Ende weißt du gar nicht mehr, worum es überhaupt ging. Du bist nur irgendwie neben der Spur und verärgert, verletzt oder wütend.
Dein Zentrum ruft dich mit mahnender Stimme zu sich zurück, doch das Wasser ist, wenn du einmal darin strampelst, wirklich stark, weil hier die kindliche Todesangst gespeichert ist.
Je schneller du dich aus dem Wasser zurückziehst und es als einen Anteil von dir wahrnimmst, der zwar sehr wichtig ist, doch nicht vorherrschen muss und darf, desto schneller kannst du wieder klar und aus der Liebe heraus agieren. In dem Moment, in dem du in das Zentrum zurückkehrst, spürst du dich und kannst die Verantwortung für dich selbst und deine Wünsche und Bedürfnisse wieder übernehmen. Du kannst erkennen, ob deine Gefühle der Situation angemessen waren oder du aus alten Verletzungen heraus gehandelt hast. Aus dieser Klarheit heraus kannst du dem Wasser, dem Inneren Kind, geben, was es braucht, weil du es deutlich sehen und du von der Mitte aus auf deine anderen Kräfte zugreifen

kannst. Gleichzeitig kannst du jetzt angemessen auf das reagieren, was dein Partner getan oder nicht getan hat.
Ganz besonders wichtig, in deine Mitte zurückzukehren, ist es, wenn du dich in einem Seelenpartnerprozess befindest. Denn am besten fühlt ihr, du und dein Partner, euch gegenseitig auf harmonische und liebende Weise über eure gemeinsame Seelenflamme. Bist du mit deinem Bewusstsein in einem der aufgewühlten Elemente gefangen, dann spürst du die Verbindung zum anderen durch das entsprechende Element, nicht über eure Seele. Das kann sehr schön sein, wenn ihr beide in einem ruhigen, zärtlichen Miteinander seid, doch wenn du dich verletzt, zurückgewiesen oder einsam fühlst, ist es geradezu toxisch. Was du brauchst, ist die bewusste Verbindung zu dir selbst und damit automatisch auch zum Seelengefährten, um wieder ruhig zu werden. Bist du in deiner Mitte, ist sofort wieder alles gut, egal, ob sich der Seelengefährte meldet oder nicht.

Wie kehren wir in die Mitte zurück, wenn wir in der Angst vor dem Verlust von Liebe, in der Einsamkeit oder in der Sehnsucht gefangen sind? Hier helfen dir die speziellen Coachingfragen der Elemente. Sie holen dich aus den inneren Verstrickungen heraus und helfen dir, wieder zurück zur Mitte zu finden. Während du sie liest und beantwortest, kommst du automatisch ins Zentrum zurück, denn die Antworten findest du nur dort.

ÜBUNG

DICH AUS VERSTRICKUNGEN BEFREIEN UND IN DEINE MITTE ZURÜCKKEHREN

Nimm dir Zeit, gerade wenn du aufgewühlt bist, und etwas zum Schreiben, um deine Antworten festzuhalten.

Atme ein paarmal tief durch. Bereits das hilft dir, wieder in dein Zentrum zu kommen.

Wir beginnen mit den Fragen des Wassers an dich. Die meisten Konflikte in Beziehungen kommen durch ein angsterfülltes, weil verletztes Inneres Kind, deshalb hören wir ihm zuerst zu. Wenn eine andere Reihenfolge für dich stimmiger ist, ist das aber auch vollkommen in Ordnung.

Das Wasser fragt dich also:

- Bist du dir darüber bewusst, dass vermutlich eine alte Wunde berührt wird?
- Kannst du dich an eine vergangene Situation erinnern, in der du das Gleiche gefühlt hast und dabei hilflos warst?
- Wenn du dir selbst etwas geben könntest, was wäre das?
- Wie kannst du dich in dieser Situation selbst halten und trösten?
- Wenn du anerkennst, dass in dieser Situation eine alte emotionale Wunde berührt wird, was verändert sich dadurch in dir?
- Hilft dir die Vorstellung, dich selbst in die Arme zu nehmen und zu trösten?

- Hilft dir die Vorstellung, dein kleines Inneres Kind in die Arme zu nehmen und ihm zu sagen, dass es in dieser Situation nicht gemeint ist und dass sich der oder die Große darum kümmert?

Die **Erde** fragt dich in dieser Situation:

- Was gibt dir genau jetzt, in diesem Moment, Halt und Stabilität?
- Wie kannst du zu dir zurückkommen, was stärkt dich?
- Wie kann dir die Kraft der Natur, die Kraft von Mutter Erde, jetzt, in dieser Sekunde, helfen?
- Wenn du tief in deinen Bauch hineinspürst: Wie nimmst du die Situation, die dich aus dem Gleichgewicht bringt, wirklich wahr?
- Hilft dir die Vorstellung, dass du tief im Becken eine gemütliche und bequeme Schale hast, in die du dich hineinlegst, um dir selbst Nahrung und Halt zu geben?

Die **Luft** fragt dich:

- Wenn du das Ganze einmal nüchtern betrachtest, bist du dann wirklich so sehr verletzt? Wenn du klar und vernünftig darüber nachdenkst: Was ist dann tatsächlich passiert?
- Wie kannst du diese Situation auf eine vernünftige Weise anders betrachten?
- Welche Gedanken, die du gerade denkst, sind ganz und gar nicht hilfreich dabei, in deine Mitte zurückzufinden?
- Welche Gedanken helfen dir, wieder zurück zu dir zu finden, welche Gedanken machen dich unabhängiger und freier?
- Hilft dir die Vorstellung, dass es in dir einen Erwachsenen gibt, der nüchtern und sachlich mit der Situation umgehen kann?
- Hilft es dir, die Angelegenheit diesem Erwachsenen zu übergeben?

Das **Feuer** stellt dir seine Fragen:

- Gibt es etwas, was du im Moment für dich tun kannst?
- Hast du Versprechungen geglaubt und bist enttäuscht worden?
- Hast du selbst Versprechen gegeben und kannst sie nicht halten?
- Was kannst du jetzt, in diesem Moment, tun, um in deine Mitte zurückzukommen?
- Was tut dir gut, welche Handlung erinnert dich daran, dass du ein selbstbestimmter, freier und liebenswerter Mensch bist?
- Was solltest du im Moment unbedingt unterlassen, damit du das Ganze nicht noch schlimmer machst?
- Wie kannst du in deinem eigenen Feuer stehen bleiben und dich selbst fühlen mit allem, was ist, ohne zu reagieren?
- Wie kannst du ruhig bleiben, während du erlaubst, dass es in dir tobt?
- Hilft dir die Vorstellung, dich in ein violettes oder weißes Feuer zu stellen, das alles verbrennt, was nicht mehr zu dir gehört?

Das **Zentrum** fragt dich:

- Fühlst du, wie sicher du hier, in deiner Mitte, bist?
- Was hilft dir, hier, in deiner Mitte, stabil zu bleiben?
- Wie wäre es, wenn du dich ganz bewusst in dein Zentrum stellst, wo du mit dir selbst in Kontakt bist?
- Welches Element hat dich am meisten aus deiner Mitte herausgerissen, und was kannst du von hier aus tun, damit das nicht mehr geschieht?
- Hilft es dir, dir vorzustellen, dass alle Elemente dir jetzt ihre Kraft senden und dich in der Mitte stabilisieren?
- Wie kannst du dein Herz wieder öffnen, um dir selbst Trost und Mitgefühl zu schenken?

Du bist nun wahrscheinlich sehr viel stabiler als vor der Übung. Jetzt kannst du auf eine gesunde, selbstbestimmte und liebende Weise auf das reagieren, was dich aus dem Gleichgewicht gebracht hat.

Die Elemente stehen jeweils für einen bestimmten Persönlichkeitsanteil, das wissen wir bereits. Schauen wir ein wenig genauer hin, um zu verstehen, welche Anteile das sind und was sie in uns bewirken, denn in jeder Beziehung ist es wichtig, dass deine inneren Kräfte auf gesunde Weise zusammenwirken. Egal, ob du Single bist oder in einer Beziehung lebst, es ist entscheidend, dass du die Herrschaft darüber erlangst, welcher deiner Anteile sozusagen gerade das Zepter in der Hand hält.

Das **Wasser** steht für das Innere Kind. Es ist bedürftig, wenn du es nicht bewusst gut hütest, und es ist stark, denn es lebt in einem der ältesten Gehirnteile. Je älter ein Gehirnteil in entwicklungsgeschichtlicher Hinsicht ist, desto instinktiver und damit unkontrollierbarer ist es. Gehst du nicht bewusst mit deinem Inneren Kind um, dann kann es rasch passieren, dass dessen Bedürfnisse den Tenor eurer Beziehung bestimmen. Dein Partner will aber ganz sicher nicht Vater oder Mutter für dein Inneres Kind sein, sondern dein Mann oder deine Frau, zumindest dann, wenn er oder sie ein Interesse an einer reifen Beziehung auf Augenhöhe hat. Dein Inneres Kind gehört in deine Obhut. Es hat in deiner Beziehung nichts zu suchen, sondern darf sicher und geschützt in dir spielen und dich mit seiner Lebendigkeit und Freude bereichern. Damit bereichert es natürlich auch deine Liebesbeziehung, doch das kann es nur, wenn es in dir gut gehütet wird. Du kümmerst dich um dein Inneres Kind, nur dann ist es wirklich sicher. Es gehört zu dir, und du bist für diesen verletzlichen Anteil verantwortlich, sonst niemand. Dazu gehört es auch, dass du Situationen verlässt, in denen das Innere Kind immer wieder verletzt wird.

Die **Luft** steht für den Inneren Erwachsenen. Er hat den Überblick, kann analytisch und bewusst denken und ist in der Lage, klar und deutlich zu kommunizieren, was er will und was nicht. Er ist im präfrontalen Cortex angesiedelt und entwickelt sich bei der Hirnreifung erst nach und nach. Er verkörpert Mitgefühl, Bewusstsein, Spiritualität und die Fähigkeit zum liebevollen Miteinander, auch wenn man unterschiedlicher Meinung ist oder unterschiedliche Bedürfnisse hat. Der Erwachsene ist in der Lage, auf die eigenen Bedürfnisse zu achten und gleichzeitig die Bedürfnisse des größeren Ganzen, in diesem Fall eurer Beziehung, im Blick zu haben. Er ist in der Lage, Lösungen zu finden, die für alle Beteiligten ein echter Gewinn sind, denn er behält immer das Ziel, die glückliche Beziehung, im Auge und richtet sich daran aus.

Das **Feuer** steht für den Inneren Mann. Bist du männlich, so bestimmt in den meisten Fällen dein Feuer dein Auftreten in eurer Beziehung. Das Männliche spürt sich selbst über das, was es im Außen tut. Es befruchtet die Welt mit seinen Ideen und mit seiner Begeisterung, es setzt in die Tat um, was es in sich trägt. Das Männliche ist ein Macher. Es braucht die erfolgreiche Handlung, damit es sich selbst erkennen kann. Das Feuer spürt sich über die Hitze, die es entwickelt, über die Ergebnisse seines Wirkens. In einer Beziehung tust du, was du sagst, wenn dein Feuer entwickelt ist. Du bringst deine Ideen ein, brennst für deine Beziehung und tust alles, um sie zu beschützen. Als Mann bist du da und präsent. Du machst Versprechungen, und du hältst sie auch. Du bist stolz darauf, diese Beziehung zu führen, und bist mit Begeisterung und Inspiration bei der Sache.

Um noch besser zu verstehen, wie das Männliche wirkt, schauen wir auf die Zeugung:

Der Mann gibt seinen Samen in die Eizelle der Frau. Er lässt ihn los, gibt ihn nach außen ab und damit die Kontrolle über seine Zeugungskraft auf. Er gibt sich voll und ganz dem Weiblichen hin und baut darauf, dass das Weibliche ihn aufnimmt und nährt, damit neues Leben entstehen kann. Wenn er losgelassen hat, wenn er also die Welt, in diesem Fall die Frau, befruchtet hat, dann verliert er oftmals den Kontakt zu dem, was er nach außen gegeben hat. Er kann es nicht mehr fühlen, es ist ja außerhalb seiner selbst. Deshalb hat er auch keinen Einfluss mehr darauf, ob es wächst und gedeiht oder nicht. Er kann nur hoffen, dass es vom Weiblichen genährt wird und heranwächst. Erst wenn das Kind da ist, bekommt er wieder einen Bezug dazu und erkennt, dass es seine Frucht ist. Er erkennt seine Zeugungskraft in dem Moment, in dem ihm bewusst wird, dass er dieses Kind miterschaffen hat. Fehlt diese Rückkopplung, dann erkennt ein Mann seine Schöpferkraft nicht. Ihm fehlt der Spiegel für sich selbst, wenn er sich in dem, was er geschaffen hat, nicht erkennt. Um sich im Spiegel zu erkennen, um sich also von dem, was er geschaffen hat, Rückmeldung geben zu lassen, braucht er die weibliche Kraft. Weibliche Kraft, im Medizinrad ist das die Erde, versetzt ihn in die Lage, diese Rückmeldung in sich aufzunehmen, zu verarbeiten und somit Bewusstsein über sich selbst zu erlangen und sich selbst zu spüren. Vertraut ein Mann dem Weiblichen nicht, vertraut er sich der Frau also nicht an, dann befruchtet er sie nicht. Das spürt die Frau. Sie wird nicht wirklich berührt, und die Beziehung bleibt energetisch seltsam unbefriedigend.

Als Frau sorgt dein Innerer Mann dafür, dass du frei und selbstbestimmt das tun kannst, was du von innen heraus tun willst. Dein Innerer Mann, dein Feuer, gibt dir den Mut und die Kraft, dich selbst in aller Freiheit auszudrücken. Er setzt die Ideen, Wünsche und Inspirationen, die in deiner Inneren Frau leben, im Außen um und lässt dich selbstsicher, selbstbestimmt und unabhängig sein. Dein Feuer sorgt dafür, dass du dich frei entfalten kannst und du tust, was du wirklich tun willst, statt rollenkonform zu sein.

Die **Erde** steht für die Innere Frau. Bist du eine Frau, so spürst du dich in den meisten Fällen über die Kräfte der Erde in dir. Das Weibliche hütet, energetisch gesehen, einen Raum. Es lässt sich befruchten, als würde man einen Samen in die Erde legen. Es nährt bedingungslos, was es in sich trägt. Denken wir noch einmal an die Zeugung: Die Eizelle nimmt die Samenzelle in sich auf und erlaubt eine Verschmelzung. Tut sie das nicht, gibt sich das Weibliche nicht hin, öffnet also nicht den energetischen Raum, dann entsteht kein Leben, und du hütest das Feuer deines Mannes nicht. Das spürt er, sei dir sicher. Er findet keinen Halt und keinen energetischen Anker in dir und kann sich in eurer Beziehung deshalb nicht entspannen. Das Weibliche spürt sich über das, was es in sich hütet. Stelle dir vor, du selbst bist in diesem energetischen Raum, den du versorgst und den du in dir und um dich herum wahrnimmst, anwesend. Du spürst, ob alles in Ordnung ist oder etwas gebraucht wird. Wie die Gebärmutter das Kind in sich beherbergt und es versorgt, so nährst du energetisch das, was sich in deiner Obhut befindet. Als Frau ist es deshalb sehr wichtig, dass du sorgfältig auswählst, was du in dich aufnimmst. Sind es zum Beispiel die Sorgen deiner Nachbarin, ist das sicher nicht sinnvoll, außer du magst sie sehr und willst dich wirklich um sie kümmern, denn noch einmal: Was du in dich aufnimmst, das nährst du, ob du willst oder nicht. In einer Liebesbeziehung hütet der weibliche Raum das männliche Feuer. Die Frau unterstützt den Mann dabei, sich selbst im Spiegel seiner Handlungen zu erkennen. Sie nimmt ihn energetisch in sich auf und gibt ihm damit Halt und eine innere Heimat.

Heißt das, als Frau bist du für das Haus und den Herd zuständig? Natürlich nicht. Energetisch gesehen erschafft das Weibliche den Boden für das, was in eurer Beziehung wachsen will. Du spürst als Frau, wenn etwas nicht stimmt, wenn etwas verändert werden sollte oder irgendwo Energie fehlt, weil du es in dir einfach weißt. Vertraut das Feuer der Erde, dann glaubt der Mann den weiblichen Wahrnehmungen, seien es seine eigenen oder die seiner Partnerin, und folgt ihnen. Vertraut die Erde dem Feuer, dann nimmt die Frau das Männliche in sich auf, unterstützt ihren Partner in dem, wovon er träumt, und stärkt ihm den Rücken, damit er seine Visionen in die Tat umsetzen kann.

Als Mann sorgt deine Innere Frau dafür, dass du dich selbst wahrnimmst und dass du dich in dem, was du tust, erkennst. Nur wenn du dich spürst, kannst du bewusst dafür sorgen, dass du das tust, was du wirklich tun willst, und damit selbstbestimmt leben, weil du nur dann bemerkst, welche emotionalen und energetischen Folgen deine Handlungen für dich haben. Spürst du dich nicht, dann wirst du abhängig von der Anerkennung und dem Lob anderer und damit sehr verführbar. Die Innere Frau hilft dir, die Früchte deiner Arbeit zu erkennen und dich damit selbst zu nähren.

Das **Zentrum** steht für keinen Persönlichkeitsanteil, sondern für deine innere Mitte. Bist du in deinem Zentrum präsent, dann kannst du aus deiner vollen Kraft heraus Ja sagen, du bist in Kontakt mit all deinen Wünschen und mit all deinen Bedürfnissen. Du stehst in deiner Wahrheit, bist lebendig, geerdet und im Kontakt mit deiner sexuellen Kraft. Du weißt, was du willst, und kannst es mitteilen. Du stehst zur Verfügung und bist bereit, dich vollkommen einzubringen und dich hinzugeben. Du bist zuverlässig und mit allen Sinnen wirklich da. Stehst du im Zentrum, dann bist du in deinem Körper anwesend, du bist für den anderen und für eure Beziehung erreichbar und auch verfügbar, du bist für dich und für den anderen voll und ganz präsent und wach. Du kannst Intimität und Nähe erlauben, weil du weißt, dass du, egal, was passiert, bei dir bleiben und zu dir selbst stehen kannst.

Stehst du nicht in deinem Zentrum, dann weißt du nicht genau, was du willst, und du passt dich allzu leicht deinem Gegenüber an. Du bist für dich selbst und damit auch für den Partner nicht fühlbar, und dir fehlt der Zugang zu deiner wahren Kraft. Du bist wie ein Blatt im Wind und machst dich selbst von deinem Gegenüber abhängig. Gleichzeitig oder gerade deshalb vermeidest du echte Intimität, weil du Angst hast, dich im anderen zu verlieren. Stehst du nicht in deiner Mitte, dann ist die Wahrscheinlichkeit groß, dass du deine Beziehungen aus dem Inneren

Kind, dem Wasser, mit all seinen Vermeidungstaktiken heraus führst, weil es, wie du weißt, im ältesten und damit stärksten Gehirnteil lebt.

In der nächsten Übung lernst du das Zusammenspiel der Elemente in dir als innere Anteile kennen, damit du bewusst Kontakt zu ihnen aufnehmen kannst. Sie kann eine Herausforderung für dich darstellen, denn ich gebe dir nicht vor, wie die Anteile aussehen und wie sie sich dir zeigen. Du darfst also lernen, deinem Gefühl zu vertrauen. Besonders gut kann man die Übung als systemische Aufstellung durchführen, falls du einen Kreis von vertrauten Menschen hast, mit denen du das ausprobieren kannst, oder ein Seminar dazu geben willst. Ich schreibe die Übung als innere Reise. Probiere sie aus, und vertraue deinen Wahrnehmungen. Deine inneren Anteile wollen mit dir in Kontakt sein, und sie nutzen dazu jede Gelegenheit. Glaube dir, besonders dann, wenn du noch nicht sehr geübt darin bist, innere Wahrnehmungen zu erleben. Es lohnt sich, zu trainieren, dich selbst und deine verschiedenen Anteile zu spüren.

ÜBUNG

FEUER, WASSER, ERDE, LUFT – WER IN DIR HAT IN SACHEN LIEBE DAS SAGEN?

Stelle dir vier Kristalle vor, die in einem Kreis stehen, oder begib dich in der Natur an einen ungestörten Ort, und lege dir ein Medizinrad.

Stelle dich in Gedanken oder physisch in die Mitte.

Um dich herum liegen die vier Kristalle. Jetzt treten aus allen Kristallen Gestalten hervor, die zu dir gehören. Es sind deine inneren Anteile, die sich auf die Weise zeigen, die zu dir passt und deren Symbolik du verstehst.

Schaue dich im Kreis um, und nimm diese Gestalten wahr. Ganz gleich, ob du sie als zu dir gehörig anerkennst oder nicht: Sie sind Anteile von dir, die dein Liebesleben maßgeblich beeinflussen. Sie können das auf positive Weise tun, weil sie in ihrer Kraft präsent sind, oder auf ungünstige Weise, weil sie sich verstecken und nicht gesehen werden wollen oder sich in den Vordergrund schieben und dadurch andere Kräfte verdrängen.

Erkenne jetzt, ob die Anteile präsent sind, ob einer im Hintergrund bleibt und einer sich als Wortführer aufspielt. Nimm es zunächst nur wahr. Die einzelnen Anteile stellen sich nun so um dich herum, wie sie in dir wirken. Falls sich ein Anteil vor einen anderen schiebt, dann lasse das geschehen. Schaue dir nur an, wie es ist.

Wenn alle Anteile ihren Platz gefunden haben, dann erkenne, welcher sich versteckt, welcher stabil und sicher steht und welcher sich eventuell vor einen anderen Anteil geschoben hat, um ihn zu beschützen. Frage die inneren Anteile, welcher zuerst mit dir sprechen möchte.

Höre jetzt nacheinander allen Anteilen zu, die sich zeigen. Du brauchst im Moment noch keine Lösungen für sie zu finden, wenn sie in Schwierigkeiten sind. Höre dir nur an, was sie zu sagen haben, so, als würdest du eine innere Inventur durchführen.

Wenn du alle Anteile gehört hast, dann bitte sie, zurück auf ihren jeweiligen Platz zu gehen. Frage nun nacheinander jeden Anteil, welche Kraft er dir in Bezug auf deine Liebesdinge geben kann und was er von dir braucht, um sie dir geben zu können.

Das Wasser in Form des Inneren Kindes braucht womöglich deinen bewussten und aktiven Schutz, damit es seine Angst, verletzt zu werden, ablegen kann.
Die Erde in Form der Inneren Frau benötigt vielleicht dein Vertrauen, damit sie wirken und erkennen kann, ob diese Liebe Bestand hat oder nicht.
Die Luft in Form deines Inneren Erwachsenen, in diesem Fall aber vielleicht auch des Inneren Zweiflers oder Traumtänzers, braucht es, ab und zu auf ihren Platz verwiesen zu werden, wenn du es gewohnt bist, deine Angst vor dem Verlassenwerden oder dem Scheitern der Liebe durch mentale Kontrolle in Schach zu halten. Nur wenn die Luft nicht zur emotionalen Kontrolle missbraucht wird, kann sie dir Klarheit schenken. Möglicherweise darfst du sie auch rufen und bitten, wirksamer zu werden als bisher, wenn du bislang eher aus dem Inneren Kind heraus agiert hast.
Das Feuer in Form deines Inneren Mannes benötigt vielleicht deine Erlaubnis, in die Tat zu kommen, statt durch Nichthandlung den kindlichen Anteil in dir zu beschützen, damit es zielstrebig auf den anderen zugehen oder aber Abstand vom Gegenüber nehmen kann,

wenn die Erde, die Innere Frau, erkennt, dass die Liebe keine Zukunft hat.

Du hast jetzt alle Elemente bzw. ihre zugehörigen Anteile kennengelernt und erkannt, was sie in Bezug auf die Liebe in deinem Leben brauchen und was sie dir geben können. Bleibe noch ein wenig im Zentrum stehen. Versprich dir selbst, dich um deine inneren Anteile zu kümmern, wenn sie dich brauchen.

Beende die Übung, indem du die Augen öffnest und, falls du in der Natur bist, den Platz aufräumst. Lasse bitte keine persönlichen Medizinräder in der freien Natur liegen, sie haben Kraft und beeinflussen Pflanzen und Tiere.

Lasse deine Erfahrungen ein paar Tage nachwirken. Manchmal genügt es, etwas zu erkennen und die Bereitschaft zu haben, ins Gleichgewicht zu kommen, damit sich die Dinge regeln. Die Kraft der Elemente wirkt automatisch in dir, wenn du sie bewusst in dein Leben bittest.

Die Elemente in dir wirken synergetisch, nicht einzeln. Nur wenn sie alle zusammenarbeiten, bilden sie eine stabile und krisensichere Grundlage für deine Lebendigkeit. Wie in der Natur jedes Element die anderen bereichert und ihnen Halt, Nahrung oder Licht schenkt, so stärken sich die Elemente in dir gegenseitig. Diese Synergie nutzen wir, damit die Elemente einander geben, was die inneren Anteile, durch die sie verkörpert werden, brauchen. Besonders wichtig ist dabei die Beziehung der sich gegenüberstehenden Elemente, wenn man sie als innere Anteile sieht: das Innere Kind (Wasser) und der Innere Erwachsene (Luft) sowie die Innere Frau (Erde) und der Innere Mann (Feuer).

Die Elemente in dir sind in dem Gleichgewicht, das deinem Bewusstsein entspricht. Wenn dir zum Beispiel nicht bewusst ist, dass du dein Inneres Kind beschützen darfst und auch musst, dann werden sich innere Kräfte auf unbewusste und damit nicht optimale Weise darum kümmern. Warum auf nicht optimale Weise? Wie schon erwähnt reagieren wir auf Stress immer unbewusst mit Flucht, Angriff oder Erstarrung. Keine dieser Strategien führt zu einem erfüllten und glücklichen Leben. Wenn wir dagegen bewusste Verantwortung für uns selbst übernehmen, können sich die Elemente in uns neu synchronisieren und uns freier handeln lassen.

Das Medizinrad in uns richtet sich also immer auf unseren Bewusstseinszustand aus. Die Elemente sind jederzeit im Gleichgewicht miteinander – je nachdem, was »Gleichgewicht« bedeutet. Nachfolgend gebe ich dir drei Beispiele für ein inneres Gleichgewicht, das dich unfrei sein lässt und in dem die Elemente auf unreife Weise wirken.

Du könntest …

- reflexartig Liebe und Intimität vermeiden, den Inneren Mann oder die Innere Frau fesseln und knebeln und durch die Luft, die Gedanken, in Schach halten, damit das Innere Kind nicht weiterhin verletzt, verlassen und beschämt wird.

- einen Partner manipulieren, indem du ihn durch Sex, emotionale Erpressung oder übermäßige Fürsorge an dich bindest, weil du auf diese Weise dein verletztes Inneres Kind davor beschützt, erneut verlassen zu werden. In diesem Fall blendest du die Luft, die klaren Gedanken und den Inneren Erwachsenen, aus, und das Wasser, das Innere Kind, übernimmt die Kontrolle über die nährenden Kräfte der Erde, der Inneren Frau, und über das Feuer, den Inneren Mann, und damit über dein Handeln (dazu gehört in diesem Fall auch Sex).

- in einer lieblosen, unbefriedigenden Beziehung bleiben, um die Sicherheit, die du dort erlebst, nicht aufgeben zu müssen. Das Feuer darf nicht handeln und wird zu Asche, die Erde sorgt für die negative Form des Durchhaltens, die Stagnation, die Luft wird stickig und besteht darauf, dass einmal eingegangene Verträge, zum Beispiel ein Ehe- oder Beziehungsversprechen, auf keinen Fall verändert werden dürfen.

Damit du in ein neues Gleichgewicht kommst, das dich freier agieren lässt und das nicht der Vermeidung von Schmerz, sondern der Erfüllung von Liebe dient, musst du die bewusste Entscheidung treffen, Verantwortung für dich selbst zu übernehmen und die Elemente in dir lichtvoller und auf gesunde Weise wirken zu lassen. Erst wenn deine inneren Anteile vom jeweiligen Element genährt werden und in einer gesunden, positiven und unterstützenden Synergie miteinander verbunden sind, kannst du stabil in deiner Mitte, im Zentrum, stehen. Wenn nicht, dann zieht dich die Bedürftigkeit der inneren Anteile immer wieder in ihren Bann, und du nutzt die Elemente automatisch zur Vermeidung von erneutem Schmerz. Die Dynamik der Elemente verstehen wir noch genauer, wenn wir uns eine ganz besondere Form der Beziehung anschauen: den Seelenpartnerprozess.

SPECIAL: DER SEELENPARTNERPROZESS IM RAD DER ELEMENTE

Der Seelenpartnerprozess ist deshalb eine ganz besondere Form der Liebesbeziehung, weil sich die Liebenden eine Seelenflamme teilen. Sie sind untrennbar, weil sie sich auf einer spirituellen Ebene innig lieben und eins sind. Doch das heißt leider noch lange nicht, dass sie sich auch auf der irdischen Ebene sofort in harmonischer Liebe oder in treuer Freundschaft treffen.

Meist ist es so: Als Seelengefährten trefft und erkennt ihr einander. Ihr fühlt euch unausweichlich zueinander hingezogen, und ihr beide wisst, dass etwas Großes, Wesentliches passiert. Ihr seid so vertraut miteinander, als würdet ihr euch schon immer kennen, ja, als wärt ihr wie zwei Teile eines größeren Ganzen, und so ist es auch. Diese allumfassende, wahrhaft bedingungslose Liebe, die ihr zueinander erlebt, führt dazu, dass sich einer von euch beiden vollkommen öffnet und sich dem anderen hingibt, während sich der andere vor lauter Angst vor so viel Liebe und Verschmelzung oft reflexartig und abrupt zurückzieht. Nun könnte man denken, der eine liebt wirklich, während der andere eben noch nicht so weit ist. Schauen wir uns diese Liebe im Medizinrad an, dann verstehen wir, was in Wahrheit geschieht und worum es geht.

Ihr verlasst in diesem intensiven Prozess zunächst eure jeweilige Mitte, weil die Energie so stark ist: der eine, weil er nur noch mit dem anderen verschmelzen will, der andere, weil er die Verschmelzung um jeden Preis vermeiden möchte. Ihr beide verliert dadurch den Kontakt zu euch selbst.

Stellen wir uns Folgendes vor: Jeder von euch hat ein eigenes inneres Gleichgewicht der Elemente. Es gibt also zwei Elementeräder: eines für dich, eines für deinen Seelengefährten. Jeder hat sein eigenes Feuer, sein eigenes Wasser, seine eigene Luft, seine eigene Erde und seine eigene

Mitte und damit seine eigene Seelenschwingung und seine eigene Sexualität. Dieses Medizinrad hat nichts mit dem des anderen zu tun, sondern spiegelt eure jeweilige Persönlichkeit und euren Weg auf der Erde mit allen Erfahrungen, die ihr machen wollt und leider manchmal auch müsst.

Richten wir unseren Blick in die Mitte, so fühlen wir: Jeder hat seine eigene Mitte und seine eigene Seelenanbindung. Wenn wir von der Mitte aus in Gedanken ein Stückchen aufsteigen, dann erkennen wir: Es gibt weiter oben, in der sogenannten Oberen Welt, ein zweites Rad der Elemente, und das gehört euch zusammen. Es gibt also eine höhere gemeinsame Seele, eine gemeinsame Mitte, in der ihr eins seid. Damit ihr diese gemeinsame Mitte spüren und auf der Erde leben könnt, müsst ihr beide jeweils in der eigenen Mitte des irdischen Medizinrades stehen, sonst nehmt ihr die Verbindung nicht wahr.

Auf der menschlichen, körperlichen und irdischen Ebene erlebt man die Elemente, um es noch einmal zusammenzufassen, auf diese Weise:

Durch das **Feuer** erlebst du deine Tatkraft, deine Leidenschaft, das, wofür du brennst, deine Inspiration, deine männliche Seite oder, bist du männlich, dich als Mann.

Durch die **Erde** erlebst du Hingabe, Stabilität, Beharrlichkeit und die Fähigkeit, zu erkennen, ob eine Unternehmung lebensfähig ist oder nicht. Du nährst das, was dir wichtig ist, und ruhst in dir. Hier erlebst du deine weibliche Seite oder, bist du weiblich, erfährst dich als Frau.

Durch die **Luft** erlebst du deine Gedanken, Pläne, Visionen und die Fähigkeit, klar und analytisch zu denken, die Dinge in einem größeren Zusammenhang zu erkennen, Unabhängigkeit und den reifen Inneren Erwachsenen.

Durch das **Wasser** erlebst du deine Gefühle, den Fluss des Lebens, die Fähigkeit der gesunden Anpassung, inneres Wissen durch Wahrnehmung, die Fähigkeit, dich dem Fluss der Geschehnisse hinzugeben, ohne dich dabei zu verlieren, und das Innere Kind.

Durch das **Zentrum** erlebst du deine Mitte, dein Gefühl für dich, für deine Bestimmung oder Berufung, deine Sexualität, deinen Platz im Leben, deine bewusste Anbindung an deine Seele und deine Lebenskraft. Aus der Mitte heraus gestaltest du dein Leben mithilfe der Kraft der Elemente um dich herum.

All diese Kräfte beziehen sich auf dich als der Mensch, der du bist. Im besten Fall bist du mit deinem Bewusstsein in der Mitte. Du nimmst die Elemente um dich herum wahr und nutzt sie. Du nimmst ihre Botschaften auf. Du erkennst, wenn etwas ins Ungleichgewicht gerät, und du kannst es schnell ausgleichen. Zieht es dich in eines der Elemente hinein, weil dich etwas aus dem Gleichgewicht gebracht hat, dann weißt du, wie du so rasch wie möglich wieder in deine Mitte findest, damit du von hier aus dein Leben schöpferisch und im Einklang mit deiner Seele gestalten kannst.

Auf deinen Seelenpartner trifft das Gleiche in seinem Medizinrad zu.

Stelle dir jetzt vor, dass über euch ein größeres Rad der Elemente schwebt, das euch beiden gehört. Ihr fühlt es zwar, wenn ihr in eurem jeweiligen persönlichen Elementerad unterwegs seid, doch die Kraft, der Frieden und die Liebe, die im gemeinsamen Rad fließen, könnt ihr nur erleben, wenn ihr oben seid. Bei eurer Begegnung hat es euch nach oben gezogen, und ihr habt euch gemeinsam wie in einer anderen Dimension erlebt. Ihr wart mit eurem Bewusstsein zu Hause, in eurer Seelenheimat, und durftet einen Moment lang fühlen, wie es ist, wenn die Trennung, die man als Mensch unweigerlich erlebt, aufgehoben ist.

Was ist damit gemeint? Einheit bedeutet: Wir stehen im Medizinrad in der Mitte und bleiben auch da, egal, was geschieht. Trennung bedeutet: Wir wissen gar nicht, dass wir eine Mitte haben, und lassen uns, je nachdem, was in unserem Leben geschieht, von Element zu Element ziehen. Da, wo es am lautesten tobt, sind wir mit unserer Aufmerksamkeit und unserem Bewusstsein. Doch das Zentrum ruft uns. Der Kontakt mit dem Seelenpartner zieht uns wie magisch in die Mitte, und wir fühlen für einen Moment, wie es ist, in sich zu Hause zu sein.

Nun beginnt der Entwicklungsweg: Wir müssen lernen, uns selbst immer wieder in die Mitte zurückzubringen, egal, wie sehr wir uns auch in den Elementen verloren haben. Diese Entwicklung können wir nur machen, wenn sich der andere stark in sich zurückzieht, weil wir nur dann spüren, dass wir selbst gar nicht wissen, wie wir uns ohne den anderen stabil in unserer Mitte halten können. Wir werden rasch abhängig vom anderen, weil wir nie gelernt haben, dass wir auch in uns selbst, in unserer eigenen Mitte, sicher und gut aufgehoben sind, genauso wie der andere nie gelernt hat, dass er in einer liebenden Beziehung gut aufgehoben sein kann. Gleichzeitig müssen wir, die wir uns der Liebe hingeben, sehr präsent sein und unsere Liebe trotz der schmerzlichen Erfahrung von Ablehnung zeigen, damit der andere, der sich zurückzieht, durch diese offenbarte Liebe berührt wird und sich auf den Weg in seine Mitte macht.

Oder andersherum: Wir selbst ziehen uns reflexartig in uns zurück, weil wir gelernt haben, dass wir uns selbst in einer Beziehung aufgeben, nicht unterstützt und sowieso verlassen werden, egal, wie sehr wir auch lieben und uns hingeben. Der einzig sichere Platz für uns ist unser Schneckenhaus. Wir scheinen in unserer Mitte zu sein, doch wir leben in einem Kokon, der der Vermeidung von Lebendigkeit dient, und es ist, als hätten wir uns bei lebendigem Leib selbst eingemauert. Die Liebe des anderen berührt uns, und das wollen wir nicht, obwohl oder auch gerade weil wir uns so sehr danach sehnen. Gleichzeitig lieben wir den anderen mehr, als wir es uns eingestehen können und wollen. Diese Liebe schickt uns auf unseren Weg in unsere Lebendigkeit, egal, wie sehr wir uns auch dagegen wehren.

Seelenpartnerschaften sind von Gott, wie du ihn verstehst, gewollt. Die gemeinsame Seele will die Erfahrung machen, wie es ist, Einheit zu erleben, obwohl sie im Körper zweier Menschen ist. Treffen wir unseren Seelengefährten, unsere Zwillingsseele, dann beginnt unweigerlich ein intensiver Transformationsweg, der so lange dauert, bis beide Partner stabil in ihrer eigenen Mitte stehen und gerade deshalb wissen, dass sie eins sind.

Über dem persönlichen Medizinrad schwebt also sozusagen ein zweites Rad der Elemente, das in einer höheren, überpersönlichen Dimension schwingt. Auch die Elemente selbst haben auf dieser Ebene einen anderen Ausdruck und fühlen sich anders an.

Das **Zentrum** des überpersönlichen Medizinrades ist eure gemeinsame Seelenheimat, eure Zwillingsseele. Ihr seid eins im Zentrum.

Das **Wasser** auf der überpersönlichen Ebene lässt euch beide den uneingeschränkten Fluss eurer Liebe wahrnehmen. Wenn dich das Wasser des gemeinsamen überpersönlichen Elementerades mit Energie versorgt, dann fließt diese Liebe durch dich hindurch und erfüllt dich mit Glück. Du zweifelst nicht daran, sondern du bist dir der Liebe gewiss und lässt dich von ihr durchströmen.

Die **Erde** auf der überpersönlichen Ebene lässt euch friedlich und geduldig sein. Sie nährt eure Seelenverbindung bedingungs- und rückhaltlos. Wenn du die Kraft der Erde auf dieser Ebene wahrnimmst, dann erfüllt sie dich mit Ruhe, sie schenkt dir unendliche Geduld und Gelassenheit. Du weißt: Der Prozess dauert, solange er dauert, und du bist damit in tiefem Frieden, ohne zu warten.

Die **Luft** gibt dir auf dieser überpersönlichen Ebene Gewissheit und Vertrauen in deine eigenen Wahrnehmungen. Du weißt, was du weißt, und du vertraust diesem inneren Wissen. Du verstehst intuitiv die höheren Zusammenhänge und bist dir ganz und gar sicher über deine Vision von euch beiden, sogar dann, wenn sie deinem irdischen Ich nicht gefällt.

Das **Feuer** schenkt dir auf dieser überpersönlichen Ebene den göttlichen Funken, der euren Auftrag inspiriert. Du nimmst eure gemeinsame Sternenheimat wahr und weißt um euren spirituellen Weg zu zweit. Du lässt dich von diesem Weg begeistern und bist bereit, dich ihm mit deiner Tatkraft voll und ganz zu widmen.

Deine Aufgabe ist nun folgende: Lerne, in deinem persönlichen Zentrum zu stehen, egal, was geschieht. Dehne dein Bewusstsein so weit nach oben aus, dass du gleichzeitig im überpersönlichen, gemeinsamen Elementerad anwesend bist, und verbinde somit Himmel und Erde. Du bist beides, das weißt du, das fühlst du, das lebst du.

Der andere hat die gleiche Aufgabe. Dadurch, dass ihr über das Zentrum des überpersönlichen Elementerades untrennbar miteinander verbunden seid, beeinflusst ihr euch auch auf persönlicher Ebene gegenseitig mehr, als ihr euch das vorstellen könnt. Die Energiebewegungen in deinen Elementen fühlt auch der andere, so, wie du seine wahrnimmst. Deshalb ist jeder Schritt zurück in deine Mitte, in Richtung Heilung, auch für deinen Seelenpartner hilfreich. Es geht nicht darum, etwas für ihn zu tun, sondern: Je mehr du dafür tust, stabil in deine Mitte zu kommen, desto leichter kann auch er sich in seiner Mitte verankern.

Die nachfolgende Übung ist eine innere Reise. Sie hilft dir, eure gemeinsame Energie auf der überpersönlichen Ebene wahrzunehmen und eure gemeinsame Seelenkraft in den Körper und damit ins irdische Leben zu holen.

ÜBUNG

EINSSEIN MIT DEM SEELENGEFÄHRTEN

Stelle dir vor, du stehst im Zentrum deines persönlichen Elementerades.

Stelle dir jetzt eine Lichtsäule vor, die von oben in dein Zentrum fällt und es erstrahlen lässt.

Du stehst mitten in dieser Lichtsäule und lässt dich von dem klaren, funkelnden Licht durchfluten.

Alles, was nicht zu dir gehört und dich beschwert, fällt von dir ab.

Du dehnst dich nach oben hin aus. Du nimmst wahr, dass du in einer anderen Dimension, in einem anderen Bewusstseinszustand ankommst. Hier fühlst du dich eins mit deinem Seelengefährten.

Du schaust dich um und nimmst wahr, dass du wieder im Zentrum eines Elementerades bist. Die Elemente befinden sich um dich herum und lassen ihre jeweilige Kraft in euer gemeinsames Zentrum strömen. In diesem Zentrum erkennst du, dass eure gemeinsame Seele weiß, wie sie sich selbst auf der Erde begegnen kann. Eure gemeinsame Seele kennt ihren Weg zu sich.

Wende dich nun den verschiedenen Elementen auf dieser überpersönlichen Ebene zu. Du kannst die Reihenfolge gern so wählen, wie es für dich passt.

Das Element Wasser ruft dich. Die tiefe, bedingungslose Liebe, die euch, deinen Seelengefährten und dich, verbindet, strömt zu dir und erfüllt dich mit Frieden und Gewissheit. Liebe durchflutet dein ganzes Sein, und du wirst eins mit dieser bedingungslosen, rückhaltlosen Liebe.

Du richtest deine Aufmerksamkeit auf das Element Erde. Gelassenheit und tiefe Ruhe strömen zu dir, und auf einmal verspürst du unendliche Geduld. Auf dieser überpersönlichen Ebene bist du unabhängig und frei. Du weißt, dass dieser Prozess von Anbeginn der Zeiten abgesprochen und geplant war und dass er unabhängig von Raum und Zeit geschieht. Er ist angestoßen und nimmt seinen Gang, egal, wie lange er auch dauern mag. Du bist in tiefem Frieden durch deine Gelassenheit.

Nun wendest du dich dem Element Luft zu. Absolute Klarheit strömt zu dir, und du weißt: Alles ist gut, alles ist geführt, alles ist richtig. Du kannst dem vertrauen, was du in dir wahrnimmst, und du bist dir vollkommen darüber bewusst, dass du ein Teil eines größeren Ganzen und eines Entwicklungsprozesses bist. Du weißt auch, dass dein geliebter Seelengefährte womöglich noch eine Zeit lang braucht, um zu erwachen, und das ist vollkommen in Ordnung. Hier oben bist du dir zu einhundert Prozent darüber im Klaren, dass es nicht darum geht, auf Erden so rasch wie möglich zusammenzukommen, sondern darum, einen jahrtausendealten Zyklus sorgfältig und endgültig zur Vollendung zu bringen. Durch diese Klarheit strömt tiefer Frieden in dich ein.

Das Element Feuer zieht deine Aufmerksamkeit zu sich. Du nimmst eure gemeinsame spirituelle Kraft wahr, du siehst dich mit dem Seelenpartner durch das Universum ziehen und weißt von euren Begegnungen in den Sternen. Du erkennst die Größe eurer gemeinsamen Aufgabe, und du bist sicher, dass du dich voll und ganz auf deine Inspiration und deine inneren Bilder von euch beiden verlassen kannst. Du erahnst euren bisherigen gemeinsamen Weg und die Stärke der raum- und zeitlosen Verbindung, die du mit deinem Seelengefährten hast. Tiefer Frieden fließt in dich ein, während du immer deutlicher erkennst, dass euer Weg auch auf Erden unausweichlich zusammenführt.

Nun zieht dich das gemeinsame **Zentrum** wieder zu sich. Du erlebst die totale Einheit mit der überpersönlichen Seele, und auf einmal wird dir etwas klar: Es kann sein, dass sich diese Seele nicht nur in eine einzige weitere Person neben dir ergossen hat. Es kann sein, dass es noch weitere Menschen gibt, die mit dir diese Seelenschwingung teilen. Vielleicht seid ihr keine Zwillings-, sondern eine Drillings-, Vierlings- oder Fünflingsseele. Das ist eine sehr gute Nachricht, wenn es für dich stimmt. Es macht dich vollkommen frei von einem bestimmten Menschen, der möglicherweise noch lange braucht, bis er erwacht.

Nimm nun das persönliche Elementerad deines Gegenübers wahr. Konzentriere dich auf sein Zentrum. Du darfst die Liebe und die Einheit, die du hier oben, im überpersönlichen Zentrum, mit dem Seelengefährten erlebst, nach unten in sein persönliches Zentrum strömen lassen, wenn du willst.

Du schickst nun also die Liebe und das Bewusstsein von Einheit in das persönliche Zentrum des Seelengefährten. Schicke es bitte nur als Information, neutral und überpersönlich. Ob der andere es annimmt oder nicht, ist seine Sache. Du stellst es ihm nur zur Verfügung.

Konzentriere dich wieder auf euer gemeinsames Zentrum. Nimm die Liebe, den inneren Frieden und die innere Klarheit in dein Herz. Sinke nach unten, und komme mit diesem Frieden in deinem eigenen

Zentrum hier auf der Erde an. Wann immer du Sehnsucht nach dem geliebten Seelengefährten hast, lasse dich nach oben führen, und schöpfe Frieden aus dem überpersönlichen Rad der Elemente, das euch gemeinsam gehört.

Wie bereits gesagt ist es deine Aufgabe, dich nach und nach stabil in deine eigene Mitte zu bringen. Weil du den anderen so sehr liebst, bist du auch bereit dazu. Es zieht dich unweigerlich in dein Zentrum, damit du die Verbindung zum anderen spürst. Sei dir sicher: Euer Prozess ist von höheren Kräften geführt und verabredet. Du kannst also nichts falsch machen. Du wirst auf dem Weg in dein Zentrum mit allem in Kontakt gebracht, was in dir verletzt ist, und dem anderen geht es genauso. Lasse dir bitte helfen. Besonders die Verletzungen des Wassers, des Inneren Kindes, können gravierend sein. Nicht alles kann man allein schaffen, und das muss man auch nicht.

HÜTE DEINE ENERGIEN – DIE BOTSCHAFTEN DES INNEREN MANNES UND DER INNEREN FRAU

Die Herausforderungen einer Seelenpartnerschaft sind vielschichtig. Besonders wichtig ist es, in die eigene Kraft zu kommen und die volle Verantwortung für den Inneren Mann, das Element Feuer, und die Innere Frau, das Element Erde, zu übernehmen. Das gilt natürlich für jeden Lebensbereich, für das Gelingen von Seelenpartnerschaften und Liebesbeziehungen aller Art ist es allerdings wesentlich. Was bedeutet das? Wir geben die Verantwortung für das, was uns wichtig ist, was uns guttut, und für das, was wir wollen, nicht mehr aus der Hand.

Wir Frauen neigen auch durch unsere Sozialisation dazu, die Kontrolle über unsere vitalen Angelegenheiten, zum Beispiel unsere Finanzen, unser Wohlbefinden, die Befriedigung unserer Sexualität und auch unsere berufliche Erfüllung, in die Hände des Mannes zu legen, der uns liebt. »Endlich ist er da«, denken wir, »endlich können wir loslassen und ihm die Dinge überlassen«, so, als würden wir unser eigenes Leben nur stellvertretend gestalten, bis der Mann daherkommt, der das für uns tut. Wir wollen »weiblich« sein und endlich einmal nichts tun, sondern »im Fluss sein«. Liebe Leserin, bitte sei im Fluss. Doch gib die Kontrolle und die Verantwortung für dein Leben, für das, wofür du brennst, auf gar keinen Fall in die Hände eines anderen. Da gehören sie nicht hin.

Männer neigen dazu, die Verantwortung für ihre Versorgung aufzugeben und ihre Gesundheit und ihr leibliches Wohlbefinden in die Hände der sie liebenden Frau zu legen. »Endlich ist sie da und versorgt mich«, denken viele, so, als wäre die Versorgung mit dem, was sie brauchen, um gesund und in einem insgesamt guten Zustand zu sein, Sache der Frau. Als hätten sie sich nur stellvertretend um sich selbst gekümmert und könnten nicht für sich selbst, ihren Körper und ihr Wohlbefinden sorgen. Auch das ist anerzogen. Damit aber schwächt ein Mann seine Innere Frau. Er verlernt, sich selbst und seine Bedürfnisse zu spüren, weil er diese, wenn er sie sich nicht erfüllen muss, nicht mehr zu spüren braucht.

Natürlich ist es wunderbar, wenn Partner sich gegenseitig bereichern, eine Arbeitsteilung vereinbaren und sich absprechen, wer sich worum kümmert, damit das gemeinsame Leben gelingt. Selbstverständlich ist es auch wunderschön, wenn wir uns umeinander sorgen und füreinander da sind. Doch niemals dürfen wir die wahre Verantwortung für das, was wir für uns selbst tun können, dauerhaft aus der Hand geben. Das möchten unsere Innere Frau und unser Innerer Mann uns dringend ans Herz legen. Wir müssen jederzeit in der Lage sein, das, was der andere liebend für uns tut, auch selbst für uns zu tun.

Lassen wir diese inneren Anteile zu Wort kommen, damit wir noch besser verstehen, worum es in der Eigenverantwortung wirklich geht.

Der Innere Mann, das Feuer, sagt:

Stelle dir einmal vor, in dir gäbe es ein wunderschönes Feuer, das dich wärmt, das dir die Kraft gibt, im Außen zu handeln und das, wofür du brennst, auch wirklich zu tun. Jetzt stelle dir vor, ab und zu kommt jemand vorbei und wirft etwas in dein Feuer. Manchmal ist es ein trockener Tannenzweig, der mit vielen Funken und Geprassel einmal kurz aufleuchtet, während er verbrennt, und dann in sich zusammenfällt. Manchmal ist es gar ein Feuerwerkskörper, der mit viel Getöse explodiert und den Himmel in allen Farben erstrahlen lässt. Ganz selten wirft er ein gutes, schweres, trockenes Holzscheit hinein. Oft genug allerdings darfst du seinen Müll verbrennen. Dann qualmt dein Feuer, und es stinkt gewaltig. Du erlaubst das, weil du noch nicht verstanden hast, dass dieses Feuer dir dient und dass du dafür verantwortlich bist. Was du lernen darfst, ist: Ich, dein Feuer, bin nur dein (!) Feuer. Niemand außer dir darf etwas in mich werfen, was mich zum Aufleuchten bringt oder mich erstickt. Stelle dir vor, ich wäre wie ein wunderbar warmer Ofen in dir, der gleichmäßig brennen sollte, damit du jederzeit eine stärkende Suppe auf mir kochen kannst. Das bedeutet: Wenn sich dein Seelengefährte meldet und du nicht bei dir bleibst, sind seine Nachrichten wie Feuerwerkskörper, wie Stroh oder wie getrocknete Tannenzweige, die er in dein Feuer wirft. Wenn du ihm erlaubst, etwas in dein Feuer zu werfen, dann kann es passieren, dass du vergisst, dass du selbst dein Feuer mit Holz versorgen darfst, kannst und auch musst. Es ist, als überließest du ihm deinen inneren Ofen. Ja, es ist, als würdest du nur darauf warten, dass er die Verantwortung für deinen inneren Ofen endlich übernimmt. Erlaube das nicht mehr. Dein inneres Medizinrad, die Kraft der Elemente in dir, darf nicht von außen beeinflusst werden. Deine Aufgabe ist es, diesen inneren Ofen, dein Feuer, der dir deine Tatkraft schenkt, stabil und heiß zu halten, sodass du, wie bereits gesagt, zu jeder Zeit deine Suppe darauf kochen kannst. Mache dir also bewusst, dass dein Feuer nur dir gehört und dass niemand einen Einfluss darauf haben darf. Visualisiere einen wunderschönen Ofen, einen Herd, den du regelmäßig und zuverlässig befeuerst, damit er immer parat steht für die nährenden und stärkenden Zaubertränke, die du für dich und deine Liebsten kochen möchtest. Dieser Ofen gehört nur dir.

Mit »Zaubertrank« meint der Innere Mann deine Liebe, deine Fürsorge und alles, was du für andere tust, damit es ihnen gut geht.

Auch die Innere Frau, die Erde, möchte dir etwas mitteilen:

Stelle dir vor, in dir gäbe es einen wunderschönen Garten. Ich lebe in diesem Garten, und ich kümmere mich darum. Ich sorge dafür, dass hier alles wächst und dass du alles hast, was du brauchst, um gut genährt zu sein. Wenn du mir Pflanzen reichst, dann setze ich sie in die Erde und sorge für sie. Ich weiß genau, was jede dieser Pflanzen braucht, und ich erkenne es auch, wenn du mir etwas reichst, was hier besser nicht wachsen sollte. Ich setze es trotzdem in die Erde, doch es kostet mich sehr viel Kraft, mich darum zu kümmern. Woher du die Pflanzen bekommst, die du mir reichst, weiß ich nicht. Ich hinterfrage es auch nicht, ich versorge alles, was du mir gibst. Ganz besonders wichtig ist es also, dass du sehr genau darauf achtest, welche Pflanzen das sind und ob sie wirklich zu dir gehören. Wenn du einen liebenden Menschen in deinem Leben hast, dann kann es leicht passieren, dass mir dieser Mensch direkt die Pflanzen gibt, von denen er glaubt, du bräuchtest sie. Das ist eine wunderschöne Geste, doch ich kann sie nicht einpflanzen. Ich kann nur das einpflanzen, was du mir gibst. Geben mir liebende Personen Pflanzen, ohne dass du eine bewusste Entscheidung triffst, ob du wirklich willst, dass ich sie hüte, dann sieht es zwar aus, als seiest du gut genährt, doch das gilt nur, solange die geschenkten Pflanzen frisch sind. Sie wachsen nicht in dir, ich kann sie nicht in die Erde setzen. Es sieht aus, als wärst du in der Fülle, doch das stimmt nicht, denn echte, weil von anderen unabhängige Fülle kommt nur dann, wenn ich dir die Früchte aus unserem eigenen Garten reiche. Ich sorge auch dafür, dass das Holz, das dein inneres Feuer braucht, wächst. In mir reifen zum Beispiel die Kräuter heran, die du brauchst, um jene Zaubertränke herzustellen, mit denen du dich, deine Projekte und deine Liebsten nährst. Lerne, die Verantwortung für das zu übernehmen, was du mir gibst, und gib es mir bewusst. Denn nur das wächst in dir. Ansonsten ist es, als würdest du deine Nahrung im Supermarkt kaufen, wodurch du auf das angewiesen wärst, was dir im Außen zur Verfügung steht. In mir ist unermesslicher Reichtum, dieser Garten ist sehr fruchtbar. Vertraue mir an, was wachsen soll, dann kümmere ich mich darum. Je mehr du die Verantwortung dafür übernimmst und selbst entscheidest, was ich zum Wachsen und zum Blühen bringe, desto reicher wirst du innerlich sein, und umso mehr kannst du im Außen geben.

Wie können wir diese Bilder verstehen? Wenn dir jemand etwas Gutes tut, dann ist das wunderbar. Manchmal ist es lebensnotwendig und manchmal einfach schön. Doch dauerhaft genährt und innerlich reich bist du nur, wenn du selbst dafür sorgst, dass es dir gut geht. Nur dann hast du etwas zum Weitergeben. Die Pflanzen, die du deiner Inneren Frau reichen solltest, sind bereichernde Impulse, Ideen, Wünsche, Träume und Pläne, die in dir entstanden sind und die du ernst nimmst. Es braucht eine bewusste Entscheidung, damit deine Innere Frau deine Träume und Ideen annimmt und deshalb als Pflanzen in die Erde setzt.

Wie kann es eigentlich sein, dass wir aufpassen müssen, dass nicht andere Menschen ihre Angelegenheiten, ihre Pflanzen, in unseren Garten setzen?
Bevor du ein erwachsener und damit für dich selbst verantwortlicher Mensch warst, warst du ein abhängiges Kind. Deine Innere Frau musste alles tun, was nötig war, damit du als Kind von anderen versorgt wurdest. Also nahm sie die Pflanzen, die ihr andere reichten, und nährte diese, damit jene dich im Gegenzug versorgten.
Das bedeutet: Mit welchem Bedürfnis auch immer ein anderer, dich versorgender Mensch an dich herantrat, du musstest es erfüllen, damit du von ihm versorgt wurdest. Dein innerer Reichtum, dein Garten, der deiner eigenen Entwicklung vorbehalten sein sollte, wurde von anderen Menschen genutzt, indem sie Forderungen an dich stellten, die du erfüllen solltest. »Sei brav, habe die Mami lieb, verärgere den Papa nicht, sei gut in der Schule, damit wir uns nicht schämen müssen …«, aber auch: »Sei unabhängig, sei tapfer, wehre dich …« Alles, was wir noch nicht tun konnten, obwohl es gefordert wurde, wanderte als Setzling anderer in unseren inneren Garten. Als Kind blieb uns nichts anderes übrig, als die Forderungen der anderen zu erfüllen, damit wir überleben konnten. Deine Innere Frau hat von Beginn deines Lebens an den Auftrag, dafür zu sorgen, dass du bekommst, was du brauchst. Wenn das bedeutete, dass du die Setzlinge anderer, also deren Bedürfnisse, in dir nähren musstest, damit du versorgt wurdest, dann hat sie das für dich getan. Dieser Auftrag ist immer noch aktiv, wenn du dich nicht bewusst selbst um dein Inneres Kind kümmerst und deiner Inneren Frau das auch mitteilst. Deshalb kümmert sie sich noch immer um die Bedürfnisse anderer, auch wenn du das gar nicht willst.

999.9
FINE
GOLD
NET WT
200g

DIE IDEALE **FÜLLE** – WAS DICH **NÄHRT** UND **TRÄGT**

Unser Verhältnis zu Geld und unser Umgang damit sind ein sehr emotionales Thema. Die wenigsten Menschen haben ein entspanntes Verhältnis zu Geld, was sehr verständlich ist, bedingt der Strom des Geldes in unserem Leben doch unsere physische Versorgung mit nahezu allem. Die Summe, die uns zur Verfügung steht, ist für unser Gefühl beinahe gleichbedeutend mit unserer Erlaubnis, auf der Erde zu sein. Sind wir gut versorgt, fühlen wir uns vom Leben geliebt und auf der Erde willkommen. Darben wir, fühlen wir uns vom Leben und von der Erde selbst abgelehnt. Wir können Geld beinahe mit Muttermilch oder einer anderen Babynahrung gleichsetzen, mit einer grundlegenden Versorgung, ohne die wir nicht überleben können. Der Versuch, sich die Bedeutung von Geld auszureden, kann nicht funktionieren, denn dann tritt anstelle des Geldes ein anderes Zahlungsmittel in Kraft. Irgendetwas brauchst du, damit du dich auf der Erde versorgen kannst, und wenn du es nicht selbst erwirtschaftest, dann tun es andere Menschen für dich. Weil das so ist, haben viele Menschen ein sehr kindliches, unbewusstes, allzu emotionales und damit unreifes Verhältnis zu Geld. Um das zu kompensieren, verdrängen sie oft ihre unbefriedigende Beziehung zu Geld und distanzieren sich innerlich von ihrem Geldfluss. Es sind Zahlen auf dem Konto, die ihnen mal ein sicheres, mal ein weniger sicheres Gefühl bescheren, mehr nicht.

Viele fühlen sich in Bezug auf Geld vom Leben entweder ständig übergangen und im Mangel, oder sie erfüllen sich mit ihrem Geld das kindliche Bedürfnis, gesehen zu werden, und geben es für kurzfristige Bedürfniserfüllung aus.

Wie ist denn deine Beziehung zu Geld?

Vollende den folgenden Satz:

- Geld bedeutet für mich …

Das könnte zum Beispiel so aussehen:

- … die Freiheit, zu tun, was ich wirklich tun möchte.
- … die Freiheit, mich auszudrücken, wie ich es will, weil ich unabhängig bin (zum Beispiel, indem du dein Buch selbst veröffentlichst, wenn das kein Verlag übernehmen möchte, oder ein Musikvideo produzierst und selbst vermarktest).
- … die Freiheit, zu wohnen, wo ich will, weil ich es mir leisten kann.
- … die Freiheit, mühelos die Menschen und Tiere zu versorgen, die mir am Herzen liegen.
- … die Freiheit, das zu tun, wozu ich auf der Erde bin, weil ich nicht zwingend Geld damit verdienen muss.
- … die Freiheit, Gutes zu tun.
- … die Sicherheit, die mich entspannt.

Wir werden hier nicht darüber sprechen, dass Geld allein nicht glücklich macht und dass man auch Gutes tun kann, wenn man keines hat. Wenn du dieses Kapitel liest, dann ist Geld für dich wichtig, und du willst die Verantwortung für den Fluss des Geldes in deinem Leben übernehmen. Das ist wunderbar und ganz wichtig für deine Selbstbestimmung. Im Rad der Elemente wird Geld der Erde zugeordnet, und wie immer geht es auch bei diesem Thema darum, den Geldstrom in dir und deinem Leben in das für dich ideale Gleichgewicht zu bringen. Zu wenig Geld zu haben, ist ein Problem und macht unglücklich, doch auch zu viel Geld bereitet einem Menschen Kummer, wenn er nicht gelernt hat, damit umzugehen. Ab einer gewissen Summe will Geld verwaltet werden. Es bekommt eine Eigendynamik, mit der man sich beschäftigen muss, will man die Kontrolle über den Geldfluss behalten. Nahezu jeder Mensch macht intensive emotionale, mentale und körperliche Erfahrungen mit Geld.

Schauen wir uns an, welchen Bedeutung und damit welchen Einfluss die Elemente in Bezug auf Geld haben.

Die Erde verspricht dir:

Ich helfe dir, Reserven zu schaffen. Ich achte darauf, dass du mit allem, was du brauchst, versorgt bist. Ich stehe für solide, verlässliche Geldanlagen und dafür, dass du mit deinem Geld das nährst, was du wirklich in deinem Leben haben willst. Geld ist Erde, und das bedeutet, genug Nahrung und ein Zuhause zu haben. Ich sorge dafür, dass du stabil in deinem Leben stehen kannst und dass deine Vorhaben in aller Ruhe wachsen und gedeihen können, weil du sie finanzieren kannst. Ich helfe dir, dein Geld zusammenzuhalten, zu speichern, damit du es dann, wenn du eine größere Energiereserve brauchst, zur Verfügung hast. Ich sorge auch dafür, dass du keine Luftschlösser baust, sondern dass deine Vorhaben auf einem sicheren, verlässlichen Grund stehen. Ich rate dir, wenn es nötig ist, lieber kleinere Brötchen zu backen als voller Leidenschaft in etwas zu investieren. Ich mahne zur Achtsamkeit und zur Vorsicht, doch ich rate auch zu einer größeren Investition, wenn deine Vorhaben aller Voraussicht nach reiche Früchte tragen werden. Ich weiß, ob ein Vorhaben Erfolg bringen wird oder nicht. Ich weiß es, weil ich die Erde bin und genau unterscheiden kann, ob eine Angelegenheit dem Leben oder dem Tod geweiht ist. Geld ist das Holz, das das Feuer deiner Tätigkeiten am Brennen hält.

Das Feuer warnt in Bezug auf Geld vor sich selbst:

Ich schenke dir den Mut, deine Vorhaben in die Tat umzusetzen, auch wenn sie ungewöhnlich sind. Durch mich erlebst du Leidenschaft und Freude beim Geldausgeben. Nutze meine Kraft sehr achtsam, wenn es um Geld geht, denn ich verbrenne es auch rasch, wenn ich im Übermaß in dir wirke. Ich gebe es mit vollen Händen aus, ich verschenke es sogar, wenn es andere glücklich macht. Geld ist da, um Freude zu erleben, um es unter die Leute zu bringen und um das, wofür du brennst, zu tun. Meine Kraft ist sehr wichtig, damit du nicht knauserig wirst, sondern mit deinem Geld tust, was du wirklich tun willst. Doch hüte mich, das Feuer, in Bezug auf Geld gut. Ich verleite dich, das schicke Kleid oder das neueste Smartphone zu kaufen, das dein Herz erfreut, statt deine Rechnungen zu bezahlen. Das ist manchmal auch genau richtig, doch es muss die Ausnahme bleiben. Es ist wichtig, dass du lernst, mich auch bei kleiner Flamme stabil und heiß zu halten statt ein gigantisches Strohfeuer zu erzeugen, das rasch in sich zusammenfällt. Bündele deine Kraft, und lerne, ein unspektakuläres, aber stabiles Kochfeuer dem Feuerwerk, das weithin sichtbar ist, dich aber nicht nährt, vorzuziehen. Das Feuerwerk entzünde erst dann, wenn das Kochfeuer verlässlich brennt. In Zusammenarbeit mit den anderen Elementen helfe ich dir, auch ungewöhnliche Vorhaben in die Tat umzusetzen, um das Gleichgewicht des Geldflusses in dir wiederherzustellen.

Das Wasser braucht ein stabiles Flussbett in dir:

Ich sorge für den Fluss aus Geben und Nehmen. Meine Kraft sorgt für das Gleichgewicht zwischen dem einströmenden Geld und dem, was du ausgibst. Ich habe ein untrügliches Gefühl dafür, ob dieses Gleichgewicht stimmt, und ich werde dir vermutlich schlaflose Nächte bereiten, wenn ich spüre, dass der Fluss der Einnahmen kleiner ist als der deiner Ausgaben. Ich helfe dir, dieses Gleichgewicht herzustellen, und gebe dir Impulse, wenn die einströmende Energie nachlässt oder das Wegströmen überhandnimmt. Ich habe keinen Einfluss darauf, wie du den Geldstrom in deinem Leben lenkst. Meine Aufgabe ist es, dafür zu sorgen, dass er nicht stockt, weder beim Einfließen noch beim Weiterströmen, und dass er in der angemessenen Geschwindigkeit fließt, weder zu schnell noch zu langsam. Wenn ich fehle, dann vertrocknet die Erde und wird zu hart, um Leben zu nähren. Steht das Gewässer in dir, wird es brackig, strömt es zu rasch, dann reißt es die Erde weg, statt sie zu durchfeuchten. Fruchtbar wird die Erde nur durch den stimmigen Fluss des Wassers. Ich durchflute dein Leben mit einem stetigen Strom von Geld. Geld ist fließende Energie. Meine Aufgabe ist es außerdem, für einen bestimmten Wasser- bzw. Geldpegel in dir zu sorgen. Wie hoch dieser Pegel ist, hängt unter anderem davon ab, wie viel Druck du aushalten kannst, wie stabil also dein Flussbett ist. Geld ist auch immer mit Verantwortung verbunden, denn es zu haben, bedeutet, dich entscheiden zu müssen, wohin du es fließen lassen willst. Je besser du diese Verantwortung tragen kannst, desto höher können der Wasserpegel und damit die Geldsumme, die dir zur Verfügung steht, sein.

Die Luft spricht die Sprache der Zahlen:

Ich sorge dafür, dass du dein Geld sinnvoll und dir dienlich verwalten kannst. Ich verschaffe dir einen Überblick über die Summen, die ein- und ausströmen. Ich sorge für klare Verträge, die das enthalten, was du willst, und ich helfe dir bei einer ordentlichen Buchhaltung. Mit mir kannst du klar denken und bleibst entscheidungsfähig, egal, wie viel oder wenig Geld du hast. Ich vergleiche Preise, wenn du haushalten musst, und ich schenke dir Visionen, wenn du viel Geld zur Verfügung hast. Ich sorge sowohl beim Einnehmen als auch beim Ausgeben für einen vernünftigen Umgang mit Geld. Ich verhandle Preise und kann den Wert eines Gegenstandes oder einer Leistung einschätzen. Ich bin sehr nüchtern und weiß, was zu tun ist, damit deine Einnahmen und Ausgaben im Gleichgewicht sind. Ich helfe dir, vernünftig zu sein und kein Geld zu verschwenden, gleichzeitig unterstütze ich dich, es nach sorgfältiger Prüfung klug zu investieren. Mit mir bewahrst du einen kühlen Kopf, statt dich von Emotionen und dem Feuer deiner Begeisterung überwältigen zu lassen. Ich wäge ab, ich hole Informationen ein, und dann entscheide ich auf sachlicher Grundlage. Durch mich weißt du, was du willst und was nötig ist, weil ich dir einen unbestechlichen Überblick über deine Finanzen gebe. Zahlen sind meine Sprache, und sie helfen dir, unverfälscht zu erkennen, was zu tun und was zu lassen ist. Durch mich kannst du die Verantwortung für deinen Geldfluss übernehmen, weil ich dir die nötigen Informationen gebe, die du brauchst, um kluge Entscheidungen zu treffen.

Das Zentrum schenkt dir Vertrauen:

Ich bin in Kontakt mit meiner Bestimmung, ich bin ganz bei mir, Geld spielt hier keine große Rolle. Es ist einfach da, weil es selbstverständlich ist, dass ich die finanzielle Kraft, die ich brauche, um meiner Bestimmung zu folgen, auch habe. Hier, im Zentrum, ist der Strom des Geldes eine natürliche Folge davon, dass ich tue, wozu ich bestimmt bin. Ich stehe auf meinem Platz im Leben und bin dadurch versorgt mit allem, was ich brauche, um diesen Platz auch auszufüllen. Ich bin sehr beweglich und flexibel und passe mich jeden Tag neu dem Willen meiner Seele und dem Gottes an. Ich bin in Kontakt mit meiner Seelenkraft und mit meinem inneren schöpferischen Zentrum. Aus mit heraus erschaffe ich alles, was ich brauche, um meinen Platz im Leben einzunehmen. Ich bin sehr konzentriert und fokussiert. Ich weiß genau, wer ich bin und wozu ich hier bin. Alles andere interessiert mich im Zentrum nicht. Es ist hier, in der Mitte, selbstverständlich, alles zur Verfügung zu haben, was ich brauche, um meiner Bestimmung zu folgen. Bin ich nicht versorgt, dann weiß ich, dass ich mich neu ausrichten und justieren darf. Ich habe tiefes Vertrauen, und ich bin immer am richtigen Platz.

Das Zusammenspiel der Elemente ist in Bezug auf Geld sehr wichtig, weil Geld eine immense Kraft hat. Um es noch einmal zu verdeutlichen: Geld ist ein Energiepotenzial, für das du die Verantwortung trägst. Es befähigt

dich, eine Wahl zu treffen, und es erfordert auch eine Wahl. Den meisten Menschen ist nicht bewusst, wie groß die Macht ist, die sie durch ihr Geld besitzen. Der Fluss deines Geldes bestimmt, was auf diesem Planeten produziert wird und was nicht, ist dir das klar? Du bestimmst durch das, was du kaufst, in welche Richtung sich unsere Wirtschaft entwickelt. Mit der Freiheit und der damit verbundenen Verantwortung, die Geld mit sich bringt, können die meisten Menschen nicht umgehen. Sie binden sich selbst die Hände und machen alles so, wie es schon immer war und wie es ihnen von der Werbung vorgesetzt wird. Geld ermöglicht und erfordert Selbstbestimmung. Wir tragen die Verantwortung dafür, wohin unser Geld fließt, ob uns das gefällt oder nicht. Wenn es um Geld geht, fühlen sich die meisten Menschen als Opfer statt als Schöpfer, und gerade deshalb ist es von großer Bedeutung, wie die Elemente in dir zusammenspielen.
Daher stellen sie dir in der nachfolgenden Übung Fragen, die dir helfen, das Zusammenspiel der Kräfte in dir zu erkennen und zu stärken.

ÜBUNG

DAS ZUSAMMENSPIEL DER ELEMENTE IM GELDFLUSS ERKENNEN

Nimm dir etwas zum Schreiben, um deine Antworten festzuhalten. Wenn du magst, lege dir einen Geldschein parat.

Stelle dir ein Medizinrad vor, oder lege eines aus. Begib dich in Gedanken oder physisch in das goldene Zentrum.

Verbinde dich, wenn du willst, mit dem Geldschein, indem du ihn bewusst wahrnimmst und dir klarmachst, dass er dir die Freiheit gibt, etwas zu kaufen, was du für dich oder für andere haben willst.

Wende dich nun den Elementen in der für dich passenden Reihenfolge zu. Sie stellen dir Fragen, deren Beantwortung dich mit deinen eigenen Kräften in Kontakt bringt und sie in dir ausgleicht.

Das Element **Erde** ruft dich zu sich und biete dir folgende Fragen an:

- Bist du der Meinung, dass du es wert bist, finanziell gut versorgt zu sein?
- Denkst du, du bist es wert, gut genährt und in Sicherheit zu sein?
- Hast du genug Reserven, damit deine irdische Lebensgrundlage nicht ins Wanken gerät?
- Hast du die Talente und Fähigkeiten entwickelt, mit denen du Geld verdienen kannst, oder bist du zumindest auf den Weg dahin?
- Bist du bereit, den langen Weg zu gehen, um erfolgreich zu werden, also auch die Schritte zu unternehmen, die dir nicht gefallen könnten, zum Beispiel die Buchhaltung zu machen?

- Bist du bereit, zu tun, was nötig ist, damit Geld zu dir fließt, auch wenn es Arbeit bedeutet? Bist du bereit, deinen Beitrag zu leisten, dich auf das zu konzentrieren, was dir Geld bringt, jeden Tag und in kleinen Schritten?
- Hast du die körperliche Kraft, das zu tun, was nötig ist, um Geld zu verdienen bzw. um das, was du vorhast, durchzuführen?
- Weißt du, was dich unterstützt, kennst du deine Geldquellen?
- Bist du in der Lage, Geld bei dir zu halten, auf etwas hinzusparen, und erlaubst du dir, Geld im Überfluss zu haben, ohne es sofort wieder auszugeben?
- Nutzt du Geld, um dich zu nähren, um dir selbst Gutes zu tun, um deine wahren Bedürfnisse zu erfüllen?
- Nutzt du Geld, um dafür zu sorgen, dass dein Leben stabil wird, damit das, was dir wirklich wichtig ist, in deinem Leben auch passiert?
- Nutzt du Geld, um im bestmöglichen Zustand zu sein, oder gibst du es sofort wieder aus, um anderen zu gefallen, um anderen zu dienen, um mangelnden Selbstwert auszugleichen oder um Statussymbole zu kaufen?

Kehre in Gedanken ins Zentrum zurück.

Das Element **Luft** ruft dich nun zu sich und fragt dich:

- Überprüfe deine Verträge in Bezug auf Geld: Sind sie für dich stimmig, profitierst du davon?
- Gibst du dein Geld für Luftschlösser aus, für Ideen, für Träume, die zu nichts führen? Oder unterstützt du jemanden, der nur in Träumen und Luftschlössern schwelgt? Lautet die Antwort Ja, dann überprüfe, ob das noch zu dir passt.
- Kannst du ganz klar sagen, was du in Bezug auf Geld möchtest?
- Ist dir bewusst, was Geld für dein Leben bedeutet? Oder ist es eine nebulöse Kraft, mit der du nicht wirklich in Kontakt bist?

- Hast du einen Überblick über deine Finanzen?
- Bist du in der Lage, nüchtern und sachlich über Geld zu reden, zu sagen, was du willst und was nicht, ganz frei und ohne Emotionen?
- Bist du dir darüber bewusst, welchen Stellenwert Geld in deinem Leben hat und dass du es brauchst, damit du deine Angelegenheiten regeln kannst?
- Bist du dir über die Abhängigkeiten bewusst, die du in Bezug auf Geld hast? Überprüfst du regelmäßig, ob diese Abhängigkeiten für dich noch stimmig sind oder sie dich auf anderen Ebenen blockieren?
- Bist du in der Lage, die volle Verantwortung für deine Finanzen zu übernehmen?
- Bist du bereit, mit den Konsequenzen zu leben, die deine Entscheidungen in Bezug auf Geld verursachen?
- Bist du in der Lage, als Erwachsener selbstbestimmt und eigenverantwortlich in Freiheit mit deinem Geld so umzugehen, wie du es für richtig hältst?
- Wie frei fühlst du dich in Bezug auf Geld?
- Wie frei fühlst du dich in Bezug darauf, wohin dein Geldstrom fließt?
- Welche Glaubenssätze bestimmen deine Beziehung zum Geld? Bist du dir darüber bewusst, dass allein du entscheidest, wohin dein Geldstrom fließen darf, und bist du dir darüber im Klaren, dass du die Konsequenzen dafür tragen musst, aber auch kannst?
- Bist du wirklich in der Lage, die Konsequenzen deiner finanziellen Entscheidungen zu tragen, und willst du das auch?

Kehre in Gedanken ins Zentrum zurück.

Das Element Wasser ruft dich zu sich und bietet dir folgende Fragen an:

- Erlaubst du dir, dich dafür zu öffnen, dass Geld in dein Leben fließt?
- Sind dir deine Geldquellen bewusst?
- Schöpfst du deine Geldquellen auch wirklich aus? Wie könntest du sie noch besser nutzen?
- Wenn du dir ein inneres Bild von dem Fluss deines Geldes machst: Wie sieht er aus? Kannst du dir vorstellen, dass du dich mitten in diesen Fluss deines Geldes hineinbegibst?
- Bist du in der Lage, dich diesem Fluss anzuvertrauen?
- Bist du in der Lage, flexibel auf diesen Geldstrom zu reagieren, oder bekommst du sofort Angst, wenn er einmal abebbt? Wenn Letzteres zutrifft: Was würde dir in diesem Fall helfen?
- Kannst du dir vorstellen, dass Geld wie ein segensreicher Fluss ist, der all deine Projekte bewässern möchte?
- Wenn du an das Märchen »Sterntaler« denkst: Bist du dir darüber im Klaren, dass das Mädchen zwar sehr selbstlos gibt, aber auch bedenkenlos nimmt, was ihm geschenkt wird? Was darfst du aufsammeln, weil es sowieso zu dir gehört?
- Wie sind deine Gefühle in Bezug auf Geld? Hast du ständig Angst, im Mangel zu sein?
- Wenn du dir vorstellst, dass mehr Geld in dein Leben fließt: Fühlst du dich dann überwältigt und überfordert oder genährt und gut versorgt?
- Bunkerst du Geld, oder lässt du es fließen?
- Ist der Strom des Geldes in deinem Leben zu schnell oder zu langsam? Wenn ja: Wie könntest du ihn stimmiger werden lassen?
- Weißt du, was du in deinem Leben mit deinem Geldstrom bewässern möchtest und was nicht?

- Ist dir bewusst, wo der Fluss deines Geldes versickern könnte? Bist du dir also versteckter Kosten, die du trägst, gewahr, merkst du, wo du Geld verschwendest, obwohl es nicht sein müsste?
- Wie kannst du insgesamt für mehr Geldfluss in deinem Leben sorgen?

Kehre mit deinem Bewusstsein ins Zentrum zurück.

Das Element **Feuer** ruft dich zu sich und möchte dir seine Fragen stellen:

- Brennst du für das, was du tust?
- Gibst du dein Geld für das aus, was dich wirklich erfreut?
- Bist du mutig und kühn bei Investitionen?
- Gibst du manchmal aus Begeisterung zu viel Geld aus? Lässt du dich leicht von deinem Enthusiasmus verführen?
- Bist du bereit, Neues zu wagen, um Geld zu verdienen?
- Bist du bereit, Innovationen zu unterstützen und neue Wege zu gehen?
- Hast du Verbündete an deiner Seite, die dich unterstützen und mit denen du neue Wege gehen könntest?
- Gibst du voller Verantwortung dein Geld in die Welt und befruchtest damit die Projekte, die du gern befruchten möchtest?
- Wenn du dein Geld als Sternensaat siehst, die du in die Erde legst: Weißt du, wie wichtig es ist, dass du die Samen säst, deren Früchte du haben willst? Bist du dir der Konsequenzen deiner Handlungen bewusst, und übernimmst du die volle Verantwortung für das, was du mit deinem Geld tust?

Kehre nun wieder ins Zentrum zurück, und höre ihm zu.

Das Zentrum stellt dir folgende Fragen: 

- Bist du im Vertrauen, dass das, was du brauchst, auch zu dir kommt?
- Bist du wirklich bereit, deiner Bestimmung oder deiner Berufung zu folgen, oder knüpfst du Bedingungen daran?
- Bist du bereit, dich für deine eigene Fülle zu öffnen und schöpferisch mit ihr umzugehen? Bist du dir bewusst, dass du als erwachsener Mensch die volle Verantwortung für deine Handlungen und deren Konsequenzen trägst und deshalb auch in Bezug auf Geld frei agieren darfst?
- Verlässt du dich auf eine glückliche Fügung, zum Beispiel einen Lottogewinn, oder machst du heute schon das Beste aus dem, was du hast?
- Nutzt du heute das dir zur Verfügung stehende Geld, um das in die Welt zu bringen, wofür du auf die Erde gekommen bist?
- Gehst du heute einen kleinen Schritt in die Richtung, in die deine Seele dich führen möchte? Ist dir bewusst, dass du mit den Mitteln, die dir in diesem Moment zur Verfügung stehen, jetzt das tun kannst, was möglich ist, damit sich deine Wünsche und Träume erfüllen?
- Verschiebst du dein Leben auf unbestimmte Zeit, oder bist du bereit, heute mit den dir zur Verfügung stehenden Mitteln das zu tun, was möglich ist, um auf deinem Weg zu bleiben?

Lasse die Antworten ein paar Tage in dir wirken. Alles, was dir bewusst geworden ist, verbindet sich in dir auf neue Weise und sorgt für Erkenntnisse und Lösungen.

Es kann sein, dass du einige der Fragen aus der Übung mit Nein beantwortet hast, ohne zu wissen, wie du das ändern kannst. Deshalb nutzen wir nun die Kraft der Elemente, um den Strom deines Geldes zu klären und zu stärken. Geld gibt dir die Möglichkeit, das, was deine Seele auf der Erde erleben will, in die Tat umzusetzen. Es macht dir den Weg frei, dich auszudrücken und deine Möglichkeiten zu nutzen. Deshalb fließt während der nächsten Übung nicht nur deine Seelenkraft in dich ein, wenn du im Zentrum stehst, sondern du bist auch mit deinem Geldfluss, dem Strom deiner Freiheit, dein Leben auf der Erde zu gestalten, verbunden.

ÜBUNG

DEN STROM DEINER FÜLLE STÄRKEN UND KLÄREN

Stelle dir ein Medizinrad vor, oder lege eines aus. Begib dich in Gedanken oder physisch in das goldene Zentrum.

Lasse dich vom goldenen Kraftstrom der Mitte erfüllen. Stelle dir vor, dieser Fluss von Energie, der dich mit deiner Seele verbindet, enthält auch den Strom des Geldes, das dir zur Verfügung steht. Öffne dich ganz bewusst für diesen Strom, auch wenn es sich ungewohnt anfühlen mag.

Um dich herum erscheinen die Elemente in Form von riesigen, schimmernden Kristallen. Sie senden dir ihre Kraft in die Mitte. Erlaube, dass sich ihre volle, ungebremste Kraft mit dem goldenen Strom deines Zentrums verbindet:

- die Klarheit und Nüchternheit der Luft
- der gesunde Fluss aus Geben und Nehmen des Wassers
- die Stabilität und materielle Fülle der Erde
- die Inspiration und Tatkraft des Feuers

Die Kräfte der Elemente vereinen sich mit dem goldenen Strom im Zentrum und bilden mit ihm den Kraftstrahl deiner idealen Fülle. Du stehst darin und erlaubst, dass dich dieser Strahl durchflutet.

Du spürst, wie dich der goldene Kraftstrahl deiner idealen Fülle durchfließt. Dadurch wird wie von selbst alles, was dich noch von deiner idealen Fülle trennt, in dir gelöst. Es fällt einfach von dir ab.

Vertraue dem Prozess. Stelle dich in den nächsten Tagen immer wieder in diesen goldenen Kraftstrom deiner idealen Fülle. Die Klarheit und damit auch deine Antworten auf die noch unbeantworteten Coachingfragen der Elemente werden wie von selbst in dir auftauchen.

Es kann sein, dass du durch diese Übung mit vielem in dir in Kontakt kommst, was du dir anschauen darfst. Mache dir klar, dass du ein Recht darauf hast, dein Leben frei zu gestalten. Wenn dich das ärgerlich werden lässt, weil du dich sehr unfrei fühlst, dann wende dich bewusst deinem Inneren Kind zu. Vielleicht hat es das Gefühl, jemanden zu verraten, wenn es dir finanziell besser geht als denen, die dir nahestehen. Das geht vielen Menschen so. Oft halten wir durch unseren Mangel anderen die Treue. Doch wie viel mehr können wir bewirken, wenn wir uns Fülle zugestehen!

SSW
SSE

GESUNDHEIT UND WOHLBEFINDEN – BRINGE DEINE LEBENSENERGIE ZUM FLIESSEN

Gesundheit bedeutet für jeden etwas anderes, und völlige Gesundheit ist sicher ein Idealzustand. Die »Weltgesundheitsorganisation« (WHO) definiert sie so: »Gesundheit ist ein Zustand des vollständigen körperlichen, geistigen und sozialen Wohlergehens und nicht nur das Fehlen von Krankheit oder Gebrechen.«

Wir haben unseren Gesundheitszustand nicht vollständig unter Kontrolle. Das Zusammenspiel aus Körper, Geist, Seele und den äußeren Umständen hat seine eigene Dynamik und birgt häufig genau die Lernaufgaben und Erfahrungen, die eine Seele machen will. Nicht selten tragen wir durch Vererbung die Krankheiten unserer Ahnen in uns und müssen uns damit auseinandersetzen, auch wenn wir das gar nicht wollen. Krankheiten können sehr viel Leid erzeugen und eine ganze Familie oder gar eine ganze Gesellschaft in Schach halten. Oft erleben wir uns als vollkommen machtlos, wenn wir erkranken. Manchmal sind wir es auch wirklich. Besonders machtlos fühlen wir uns, wenn die Krankheit geliebte Menschen und unsere Beziehung zu ihnen betrifft.

Bevor wir uns das Zusammenspiel der Elemente in Bezug auf das Thema in dir anschauen, nimm dir etwas zum Schreiben, und definiere zunächst, was Gesundheit für dich bedeutet.

Vollende den folgenden Satz:

- Gesundheit bedeutet für mich, dass ich …

Fällt es dir schwer, Gesundheit positiv zu definieren?

Dann probiere es einmal so:

- Gesundheit bedeutet für mich, nicht mehr unter … zu leiden.

Damit du gesund werden kannst, was auch immer das für dich bedeutet, bieten dir die Elemente an, dir zunächst deinen jetzigen Zustand anzuschauen und ihn zu bereinigen. Wenn das gemeinsame Wirken der Elemente in dir gestört ist, dann kannst du nicht im für dich optimalen Zustand sein.

Das **Feuer** steht dabei für deine Vitalität, deine Tatkraft, deinen Stoffwechsel, deine Verdauung und für alle Transformationsvorgänge in dir.

Das **Wasser** zeigt dir den Fluss deines Blutes und deiner anderen Körpersäfte, es spiegelt dir deine Gefühle und deinen Umgang mit ihnen.

Die **Luft** zeigt dir, wie es um deine Atmung bestellt ist und ob du dir ausreichend Auszeiten gönnst, während derer du tief durch- und aufatmen kannst. Durch sie weißt du, ob du ab und zu genügend Abstand von den Dingen nimmst, die dich beschäftigen, damit du zur Ruhe kommen kannst.

Die **Erde** zeigt dir, wie gut du dich in dir selbst zu Hause fühlst und ob du die Bedürfnisse deines Körpers wahrnimmst und erfüllst. In Bezug auf deine Gesundheit ist das Element Erde dein wichtigster Ansprechpartner, denn es steht ausdrücklich für den Körper mit allem, was zu ihm gehört.

Das **Zentrum** zeigt dir, ob du in deiner Mitte bist, ob du deiner Intuition in Bezug auf deine Gesundheit folgst und ob du dir den freien Ausdruck deiner Lebendigkeit erlaubst.

Die nachfolgende Übung hilft dir, dich zu reinigen und in das für dich ideale Gleichgewicht der Kräfte zu kommen. Zu jedem Element findest du eine innere Reise. Wende dich den Elementen in der Reihenfolge zu, die sich für dich stimmig anfühlt, oder nutze die Übung einfach genau so, wie ich sie aufgeschrieben habe. Du kannst dich auch nur mit einem Element beschäftigen und die dazugehörige innere Reise ausdehnen. Mache es so, wie es für dich richtig ist und je nachdem, was du gerade brauchst.

ÜBUNG

REINIGUNG UND INNERES GLEICHGEWICHT

Stelle dir vor, du stehst in der Mitte eines Kreises. Die Mitte wird durch eine goldene Scheibe markiert. Um dich herum findest du Symbole für die vier Elemente der Himmelsrichtungen. Nimm dir Zeit, dir diese Symbole nacheinander anzuschauen.

Gehe in Gedanken zum Platz des **Wassers.** Stelle dir einen Wasserfall vor. Das Wasser, das herabströmt, ist salzig, hat genau den richtigen Salzgehalt und die richtige Temperatur für dich. Salzwasser reinigt dich von allen Anhaftungen, allen emotionalen Verstrickungen, und es bringt deinen Wasserhaushalt ins Gleichgewicht. Ziehe deine Kleidung aus, und stelle dich unter den Salzwasserfall. Das Wasser strömt über dich hinweg und in dich herein. Es nimmt alles von dir, was nicht zu dir gehört, und gleicht deinen Säure-Basen-Haushalt aus. Es reinigt dein Blut und strömt durch alle Körperteile und Organe wie Ohren, Nase, Magen und Därme. Es nimmt alle Giftstoffe mit sich und spült sie aus dir hinaus. Es reinigt besonders die Leber von allen Vergiftungen und von allem Groll, den du in dir trägst. Auch die Bauchspeicheldrüse wird durchflutet und von allen Verklebungen befreit. Lasse dir Zeit, und bleibe unter dem Wasserfall stehen, bis das abfließende Wasser klar bleibt und du dich gereinigt und frei fühlst. Hast du in einem Körperteil ein besonderes Reinigungsbedürfnis, dann konzentriere dich so lange darauf, wie du möchtest. Nach der Reinigung findest du ein Handtuch am Rande des Wasserfalls sowie neue Kleidung. Trockne dich ab, ziehe dich an, und kehre zur Mitte zurück.

Du stehst jetzt wieder in der Mitte.

Nun ruft dich das Element **Feuer** zu sich, und du gehst zu ihm hin. Du siehst eine hoch auflodernde violette oder weiße Flamme. Obwohl du dicht vor der Flamme stehst, fühlt sie sich nicht allzu heiß an. Die Flamme hat eine besondere Kraft: Sie ist magnetisch. Sie zieht jetzt alles aus dir hinaus, was dich auf ungesunde Weise schwer sein lässt und dich belastet. Du spürst, wie dunkle Schnüre oder Stricke, die dich an Ungesundes binden, aus dir hinausgezogen werden und in der Flamme verschwinden. Während das geschieht, verändert sich die Farbe der Flamme je nachdem, was sie gerade für dich verbrennt. Du brauchst nicht zu wissen, was aus dir hinausströmt, lasse es einfach geschehen. Jetzt fühlst du, dass du dich selbst in die weiße oder violette Flamme hineinstellen möchtest. Du machst einen Schritt in die Flamme hinein und fühlst ihr machtvolles Summen im ganzen Körper. Das weiße oder violette Feuer berührt jede Zelle und aktiviert ihren Stoffwechsel. Das Feuer verbrennt außerdem rückstandsfrei alles in dir, was dir nicht guttut, zum Beispiel bestimmte Bakterien oder Viren. Bleibe so lange im Feuer stehen, bis du dich geläutert fühlst. Wenn du für heute genug hast, dann kehre in die Mitte zurück.

Du stehst jetzt wieder in der Mitte.

Als Nächstes ruft dich die **Luft** und lädt dich ein, ihre Kraft zu nutzen. Du gehst in Gedanken an den Platz der Luft. Das Element Luft empfängt dich mit einem sanften Windhauch, der dich angenehm umschmeichelt. Ein wundervoller Duft umschwebt dich, es ist dein Lieblingsduft, und du entspannst dich augenblicklich. Vielleicht hat die Luft sogar eine Farbe. Der Duft strömt durch deine Nase und deine Bronchien in deine Lungen. Betörender Wohlgeruch erfüllt deine Lungenflügel bis in die Spitzen, und du hast das Gefühl, diese Flügel breiten sich immer weiter aus. Du siehst deine Lungenflügel als Engels- oder Adlerschwingen. Die angenehm duftende Luft strömt durch die Federn, fächert sie auf und reinigt sie. Verklebungen lösen sich, Lasten fallen von den Flügeln ab. Jetzt sind deine Flügel ganz ausgebreitet. Wind kommt auf und strömt unter deine ausgebreiteten Flügel. Du atmest tief auf, und auf einmal lässt dich dieser Wind vom Boden abheben. Du fühlst dich so leicht wie nie zuvor in deinem Leben und gleichzeitig vollkommen sicher. Du bewegst deine Flügel ein wenig und spürst, wie neue Lebensenergie durch deinen gesamten Körper fließt. Dir wird ganz leicht ums Herz, und du fühlst dich innerlich frei und lichtvoll. Atme die duftende Luft so lange ein, bis du dich vollkommen frei und ganz weit fühlst. Dann kehre in die Mitte zurück.

Du stehst jetzt wieder in der Mitte.

Das Element **Erde** ruft dich zu sich. Du findest dich in einer gemütlichen Höhle wieder. In dieser Höhle gibt es einen sehr bequemen Ruheplatz, und du legst dich hin. Augenblicklich fühlst du dich entspannt und auf angenehmste Weise schwer. Dir wird bewusst, dass dich die Erde trägt und dir genau den Halt gibt, den du brauchst. An den Wänden der Höhle funkeln wunderschöne Kristalle in allen Farben. Während du dich immer mehr entspannst, nimmst du wahr, dass du schwere Lasten in dir trägst, seien es physische Giftstoffe, emotionale Belastungen oder Sorgen und Nöte, die dich niederdrücken. Das Funkeln der Kristalle wird jetzt stärker, ihre Farbenpracht umgibt dich vollkommen. Dein Herz schlägt vielleicht schneller, oder du spürst ein Kribbeln, während die Energie der Kristalle in dir zu wirken beginnt. Das heilsame Licht der Kristalle löst alles in dir auf, was jetzt gehen darf und kann. Alles, was den freien Fluss deiner Lebensenergie stört, wird vom Höhlenboden aufgenommen und neutralisiert. Gleichzeitig strömt aus der Erde die Kraft aller Mineralstoffe, die du jetzt brauchst, in dich ein. Du fühlst, wie du immer stärker und innerlich stabiler wirst. Nach einer Weile verblasst das Funkeln der Kristalle, der Kraftstrom ebbt ab, und du weißt, dass der Prozess für heute abgeschlossen ist. Du weißt auch, dass dir diese Höhle jederzeit zur Verfügung steht. Es ist deine. Du stehst auf und verlässt die Höhle.

Gehe zurück ins Zentrum.

Du stehst jetzt genährt, gereinigt und gestärkt im **Zentrum.** Für deine Gesundheit ist es von höchster Bedeutung, dass du deinen Platz im Leben auch wirklich einnimmst, damit deine Lebenskraft frei und ungehindert fließen kann. Das wird dir bewusst. Im Zentrum bildet sich jetzt eine Lichtsäule. Du stehst genau in der Mitte, und du fühlst dich vielleicht zum ersten Mal an deinem eigenen Platz im Leben angekommen. Die Kraft der Lichtsäule strömt jetzt von unten nach oben durch dich hindurch. Sie richtet dich ganz neu aus und nimmt beim Hindurchströmen alles von dir, was dich aus deiner Mitte bringt. Alles, was dich aus deiner Mitte bringt, steigt wie dunkler Rauch auf und löst sich in der Lichtsäule auf. Es hat keine Macht über dich, weil es nicht zu dir gehört. Du fühlst, wie das durch dich hindurchfließende Licht dich ausrichtet und in deine Mitte bringt. Nach einer Weile spürst du einen Umkehrschub, und das Licht strömt jetzt von oben nach unten. Wieder nimmt das Licht alles von dir, was dich aus deiner Mitte bringt. Dieses Mal fließt das, was nicht zu dir gehört, nach unten und löst sich in der Erde auf. Auch der Lichtstrom von oben richtet dich aus. Du fühlst, wie dich der Kraftstrom deiner Seele erreicht und genau durch deine Mitte hindurchströmt. Nach und nach kommt dieses Strömen zur Ruhe, und nun stehst du in deinem Zentrum, bist vollkommen in deiner Mitte und bei dir. Gibt es eine Frage in dir zu deiner Gesundheit, dann wirst du jetzt glasklar die Antwort erkennen.

Bleibe in Gedanken in deinem Zentrum stehen, während die inneren Bilder verblassen. Es gibt keinen Grund, jemals wieder aus deiner Mitte zu treten. Es ist deine Mitte, sie gehört nur dir.

Nachdem du deine Reinigung durch alle Elemente erlebt hast, kannst du dich nun den Fragen der verschiedenen Kräfte zuwenden.

Du stellst dich während der Übung in Gedanken in die Mitte deines Elementerades. Konzentriere dich auf das gesundheitliche Thema, das dich beschäftigt. Wenn du eine konkrete Frage hast, schreibe sie auf. Behalte diese Frage im Bewusstsein. Die Elemente helfen dir durch ihre Fragen an dich, Klarheit zu erlangen.
Wenn du auf eine Frage mit »Ich weiß es nicht« antwortest, dann findest du in der Übung »Die Botschaften der Elemente für dich« (S. 173) deine Antworten.

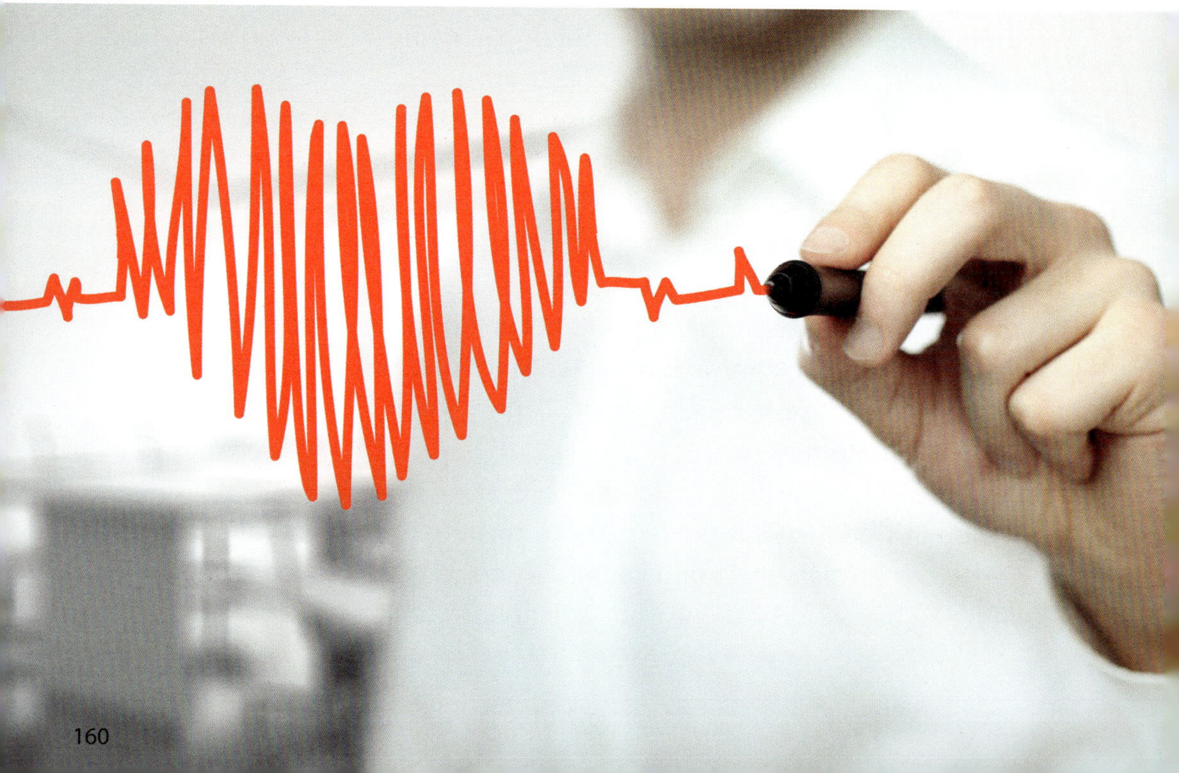

ÜBUNG

KLARHEIT ÜBER DEINE GESUNDHEIT UND DEIN WOHLBEFINDEN ERLANGEN

Nimm dir etwas zum Schreiben, um deine Antworten festzuhalten.

Denke an deine Frage in Bezug auf deine Gesundheit und dein Wohlbefinden. Formuliere sie bewusst und schriftlich. Stelle immer nur eine Frage pro Durchgang, und wiederhole die Übung, falls du mehrere Fragen zum Thema hast.

Suche dir aus, in welcher Reihenfolge du dich den Fragen der Elemente widmen willst. Lasse dabei keines der Elemente aus. Gerade das, dem du dich am wenigsten zuwenden möchtest, dessen Fragen dir unangenehm sind, könnte das mit den wertvollsten Antworten sein.

Weil der Körper insgesamt dem Element Erde zugeordnet ist, beginne ich mit den Fragen, die dir dieses Element in Bezug auf deine Gesundheit stellen möchte.

Die Erde fragt dich:

- Wie kannst du noch besser herausfinden, was du brauchst?
- Wenn du weißt, was du brauchst, wie kannst du es dir geben?
- Wie könntest du dich, wenn nötig, noch gesünder und ausgewogener ernähren?
- Gönnst du dir genügend Ruhepausen? Wenn nicht: Wie könntest du für mehr Ruhe sorgen?

- Wie kannst du noch mehr Halt und Stabilität in dir selbst finden?
- Bist du gern auf der Erde und in deinem Körper? Wenn nicht: Was bräuchtest du, um in dir anzukommen? Wie könntest du es bekommen?
- Gehst du ausreichend oft in die Natur? Wenn nicht: Wie könntest du dir selbst mehr Zeit verschaffen, um bewusst in der Natur Kraft zu schöpfen?
- Nutzt du deine körperliche Kraft und Geschicklichkeit, um etwas zu gestalten und zu erschaffen, oder arbeitest du vorwiegend mit dem Kopf? Wenn Letzteres zutrifft: Welche körperliche Beschäftigung würde dir Freude bereiten?
- Erlebst du positive Herausforderungen, die dir Freude an deinem Körper vermitteln? Wenn nicht: Gibt es etwas, was dir körperliche Freude bereiten würde, zum Beispiel reiten zu lernen, tanzen zu gehen, einen Kampfsport auszuüben, im Garten zu arbeiten?
- Genießt du deinen Körper und seine Sinnlichkeit? Wenn nicht: Wie könntest du deinen Körper mehr genießen? Was fehlt dir, und wie könntest du es dir beschaffen? Denke daran: Es ist dein Körper. Was braucht er, damit er sich wohl- und lebendig fühlt?

Wenden wir uns den Fragen des Wassers zu. Das Wasser steht beim Thema »Gesundheit« für den Fluss deines Blutes und der anderen Körpersäfte sowie für den freien Ausdruck deiner Gefühle. Gefühle zu unterdrücken, macht bekannterweise krank, deshalb sind sie hier sehr wichtig.

Das **Wasser** fragt dich:

- Erlaubst du dir, zu fühlen, was du fühlst, ohne deine Gefühle zu kontrollieren? Wenn nicht: Was bräuchtest du, damit du es dir erlauben kannst?
- Lebst du in Bitterkeit und Groll?
- Lebst du in emotionaler Magersucht, vermeidest du es also, zu fühlen, indem du dich in deine Gedanken flüchtest?

- Erlaubst du deinem Inneren Kind, zu spielen?
- Wie kannst du insgesamt weniger Kontrolle ausüben und stattdessen mehr Freude und Lebendigkeit in dein Leben bringen?
- Erlaubst du dir, dich frei zu bewegen, ohne vorgeschriebenen Bewegungsmustern[*] zu folgen und alles richtig machen zu wollen? Wenn nicht: Wie könntest du dir Bewegung verschaffen, die dem freien Fluss deines Körpers folgt statt einem festen Schema? Kannst du diese kindliche Freiheit in dir zulassen?
- Hast du deinen Blutdruck im Blick?
- Banal, aber so wichtig: Trinkst du genug?
- Schaue auf das Sterntalerprinzip[**]: Ist der Fluss von Geben und Nehmen in deinem Leben ausgeglichen? Wenn nicht: Wie könntest du dafür sorgen, dass du im Gleichgewicht von Geben und Nehmen lebst?

Die Luft steht in Bezug auf deine Gesundheit und dein Wohlbefinden für den Atem und für deine Fähigkeiten, klar und sachlich zu erkennen, was du tust, Verantwortung für dich zu übernehmen und neue Entscheidungen zu treffen.

Die **Luft** fragt dich:

- Wie kannst du dein Wissen über gesunde Lebensführung noch besser in deinem Leben anwenden?
- Wie kannst du ganz allgemein mehr Verantwortung für dein Wohlbefinden übernehmen und tun, was dir wirklich guttut?
- Wie kannst du noch mehr Verantwortung für deine Gesundheit übernehmen und alles unterlassen, was dir nicht guttut?

---

* Die meisten Tätigkeiten setzen eine bestimmte, vorgegebene Bewegungsabfolge voraus, egal, ob du Golf spielst, einen Nagel in die Wand schlägst oder den Tisch deckst. Gelegenheiten, dich ganz und gar frei zu bewegen, bieten dir spielerisches Kämpfen, freies Tanzen oder Ausdruckstanz, Fantasiegymnastik, Sex …

** Sterntaler gibt zwar ihr letztes Hemd her, doch sie nimmt genauso fraglos alle Taler, die ihr geschenkt werden. Wir können nur dann auf gesunde Weise etwas geben, wenn wir auch frei sind, zu nehmen, was uns angeboten wird, sonst geraten wir ins Ungleichgewicht.

- Leidest du unter einer Suchterkrankung? Gehst du also mit einem Stoff (Alkohol, Essen, Zigaretten, Tabletten ...) oder einer Tätigkeit (Spielen, Sport, Sex ...) reflexartig und dich schädigend um? Nimm dir Zeit, um diese Frage zu beantworten, und sei ganz ehrlich.
- Übernimmst du die Verantwortung dafür, dass du Zeit für dich selbst hast, in der du nicht gestört wirst?
- Was brauchst du, um tief aufatmen zu können, in welchen Lebensbereichen hältst du förmlich in Erwartung von Schmerz, Scheitern und Unglück die Luft an?
- Auf welche Weise schadest du ganz allgemein dir und deiner Gesundheit? Was bräuchtest du, um damit aufzuhören?
- Übernimmst du die Verantwortung für dein Wohlbefinden, oder sind immer andere oder die Umstände an deinem Unglück schuld?

Das Element Feuer möchte dich ebenfalls unterstützen. Es hilft dir, deine Tatkraft zu überprüfen und zu erkennen, ob du deine Träume in die Tat umsetzt oder ob du dein eigenes Lebensfeuer löschst.

Das **Feuer** bietet dir an, über Folgendes nachzudenken:

- Gibst du deinen Visionen von einem erfüllten und glücklichen Leben in dir Raum, erlaubst du also, dass dein Lebensfeuer für dich und dein Leben brennt?
- Verschenkst du viel Tatkraft und Leidenschaft für die Träume und Pläne anderer?
- Engagierst du dich für das, was dir heilig ist und wofür du brennst? Setzt du dich für deine Genesung und deine Gesundheit ein?
- Kannst du dein Feuer auf gesunde Weise mäßigen, oder lässt du dich von deinen Leidenschaften überwältigen und zu Kämpfen hinreißen, die du nicht gewinnen kannst?
- Hast du schon viele Enttäuschungen verkraften müssen? Eine Enttäuschung zu erleben, heißt in Bezug auf das Element Feuer: Du vermutetest irgendwo eine lodernde Flamme der Begeisterung und Tatkraft, doch du bekamst nur Asche.

- Tust du das, was dir guttut und was dich erfüllt, oder machst du dir selbst nur leere Versprechungen? Gibst du dir also selbst nur Asche, statt das Feuer deiner Lebendigkeit zu schüren?
- Wie kannst du dafür sorgen, dass du auf für dich gesunde Weise aktiv bist?
- Wie kannst du dafür sorgen, dass du übermäßige Aktivitäten unterlässt, die meist der Kontrolle deiner Angst, abgelehnt zu werden, dienen?
- Wie kannst du das Feuer deiner Tatkraft und Begeisterung bewusst schüren? Was kannst du tun, und wichtiger noch: Was solltest du unterlassen?

Das Zentrum steht für deine Anbindung an deinen Platz im Leben, an deine Sexualität und deine Seelenkraft. Wenn du in deinem Leben am falschen Platz stehst, dann fließt deine Lebenskraft nicht richtig, sondern du musst dich ständig verbiegen. Das macht auf die Dauer krank, weil du sozusagen nicht deine eigene Seelenmusik spielst, sondern die Melodien anderer erklingen lässt. Gott, wie du ihn verstehst, und dein Leben brauchen dich auf deinem Platz.

Die Fragen deines **Zentrums** an dich:

- Stehst du wirklich auf deinem Platz im Leben, oder verbiegst du dich, um anderen zu gefallen?
- Was macht dich wirklich krank?
- Hörst du auf deine innere Stimme, und glaubst du ihr, wenn es um deine Gesundheit und um dein Wohlbefinden geht, oder beschwichtigst du dich selbst? Wenn Letzteres zutrifft: Wie könntest du mehr auf diese Stimme in dir hören?
- Bist du in Bezug auf Aktivität und Ruhe, Geben und Nehmen, Planen und Geschehenlassen im Gleichgewicht? Wenn nicht: Was ist zu viel, was zu wenig?
- Was brauchst du, um dich in deiner Mitte zu fühlen, und wie kannst du dafür sorgen, dass du es bekommst?

- Ist dir bewusst, was dir hilft, in deiner Mitte zu bleiben und dich in deinem Leben am richtigen Ort zu fühlen?
- Bist du bereit, die Erfahrungen, die deine Seele zum Thema »Krankheit« machen will, anzuerkennen, auch wenn es dir schwerfällt?
- Wenn es dir im Moment nicht gut geht: Gibt es etwas, was du gerade dadurch lernen und entwickeln solltest? Wenn ja: Wehrst du dich gegen diese Lernaufgabe?
- Wenn deine Seele eine Stimme hätte, was würde sie dir in Bezug auf deine Gesundheit sagen?

Lasse dir Zeit bei der Beantwortung der Fragen, und weiche nicht zurück, auch wenn dir eine Antwort nicht gefällt. Schon darüber nachzudenken und in dich hineinzufühlen, aktiviert deine Selbstheilung. Dein Körper will gesund, stark und lebendig sein. Alles, was du unternimmst, um in deine Kraft zu kommen, trägt auch Früchte, es sei denn, deine Seele entscheidet anders. Deshalb nimm besonders die Botschaften des Zentrums ernst.

Die nachfolgenden Übungen helfen dir, tiefer zu verstehen, was du brauchst und wozu die jetzige Situation dient.

Um dir Kraft bei den Elementen zu holen, wende die nächste Übung an. Am besten ist es, du praktizierst sie in der Natur. Wenn du dazu keine Möglichkeit hast, so lege das Rad der Elemente in deiner Wohnung aus. Geht das auch nicht, dann stelle es dir einfach vor. Erinnere dich immer wieder daran: Dein Körper besteht aus diesen Elementen. Sie sind nicht getrennt von dir, sondern wirken in dir zusammen, so, wie sie das in einem Medizinrad tun. Du bist dein eigenes Medizinrad.

ÜBUNG

KRAFT SCHÖPFEN AUS DEN ELEMENTEN

Finde einen Platz, an dem du diese Übung durchführen kannst.

Lege mithilfe eines Kompasses und vier Kraftgegenständen ein Elementerad mit einem Durchmesser von zwei bis drei Metern. In das Zentrum legst du ein goldenes Tuch. Wenn du kein solches Tuch hast, dann stelle dir das Zentrum einfach golden vor.

Betritt das Elementerad, und begib dich in die Mitte.

Lasse dich nun in eine Richtung ziehen. Du fühlst, wohin es dich ruft, vertraue dir. Der Ruf muss nicht stark sein, ein kleiner Impuls genügt. Du kannst es nur richtig machen.

Du stehst jetzt auf einem Platz im Rad der Elemente. Erlaube, dass die Kraft dieses Elementes in dich einströmt. Du brauchst dabei nichts zu verstehen oder zu visualisieren. Lasse es einfach geschehen. Kommen Gedanken, innere Bilder oder Erkenntnisse, ist es gut, wenn nicht, ist es auch vollkommen in Ordnung.

Bleibe so lange hier stehen, wie es sich stimmig anfühlt. Wenn du spürst, es ist genug, dann gehe in die Mitte zurück. Es kann sehr gut sein, dass du auf den unterschiedlichen Plätzen unterschiedlich lange stehst.

Wenn du dir von jedem Platz Kraft geholt hast, dann bleibe noch einen Moment in der Mitte stehen, oder setze dich hin. Bitte darum, dass sich die Elemente in dir auf die für dich ideale Weise miteinander verbinden und ins Gleichgewicht kommen.

Wenn es Botschaften für dich gibt, dann erhältst du sie jetzt in Form von Erkenntnissen und innerem Wissen. Auch das geschieht von allein, wenn es im Moment etwas gibt, was du wissen solltest.

Beende die Übung, indem du deinen Ritualplatz wieder aufräumst, wenn nötig.

Diese Übung kannst du so oft machen, wie du willst. Je besser deine inneren Kräfte in ihrem für dich idealen Gleichgewicht sind, desto gesünder bist du und desto wohler fühlst du dich. Wenn du erkennst, dass bestimmte Lebensbereiche nicht mehr stimmig sind, dann nutze das entsprechende Kapitel dieses Buches, und suche dir Hilfe, falls du nicht allein klarkommst.

Die nächste Übung vollziehst du aus der Mitte des Elementerades, dem Zentrum, heraus.

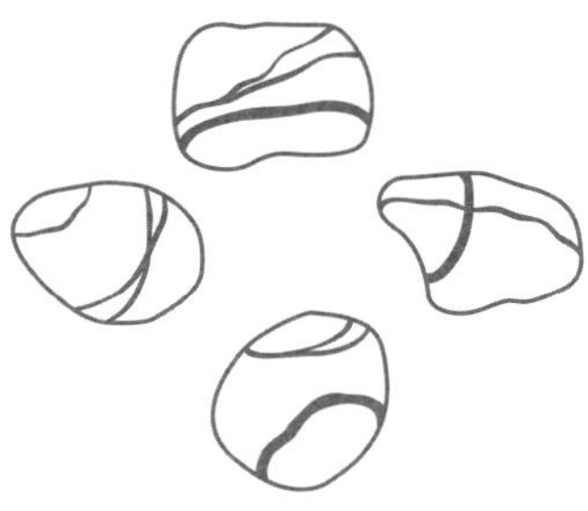

ÜBUNG

IN DEINE MITTE KOMMEN

Stelle dir vor, du stehst in der Mitte eines Kreises oder eines Rades.

Um dich herum sind die Elemente, aus denen du bestehst, im für dich idealen Gleichgewicht angeordnet: Erde, Wasser, Feuer und Luft. Ihre Kräfte strahlen bis in das Zentrum herein, gerade so, als gäbe es Radspeichen aus Licht. Das Zentrum bildet die Radnabe, hier laufen die Kraftströme zusammen.

Das Rad beginnt nun, sich zu drehen, erst langsam, dann immer schneller. Die Elemente tanzen um dich herum.

Dabei entsteht in der Mitte ein Energiewirbel aus den verschiedenen Kräften. Du stehst mitten in diesem Lichtwirbel.

Der Lichtwirbel zentriert sich in deinem Körper. Durch die Zentrifugalkraft des Wirbels wird alles aus dir hinausgeschleudert, was nicht deinem idealen Gleichgewicht entspricht. Das geschieht von ganz allein, erlaube es einfach, und halte nichts fest.

Ist ein Körperteil oder Organ krank, hast du dort Schmerzen oder Verletzungen, dann lenke jetzt diesen Wirbel aus Licht zu diesem Organ oder Körperteil hin. Der Wirbel wird sanfter und hat jetzt genau die richtige Stärke. Seine Kraft schleudert alles aus dem Körperteil oder Organ hinaus, was nicht zu dir gehört, und erinnert ihn oder es an sein ideales Gleichgewicht der Elemente.

Die Energie der Elemente wirbelt so lange und so stark, wie es für dich richtig ist. Lasse dich von den vereinten lichtvollen Kräften der Elemente so lange reinigen und ins Gleichgewicht bringen, bis der Wirbel von sich aus zur Ruhe kommt.

Die Kraftströme ziehen sich aus dem Zentrum und damit auch aus dir zurück. In dir entsteht Stille. Bleibe noch ein wenig in dieser Stille.

Verlasse nun den Kreis der Elemente, und beende so die Übung. Räume, falls du ein Medizinrad in der Natur gelegt hast, den Platz wieder auf. Du wirst nach und nach bemerken, dass du dich verändert hast. Einiges ist dir wichtiger geworden, anderes hat an Bedeutung verloren. Erlaube den Veränderungen in dir und deinem Leben, zu geschehen.

Jedes der Elemente hat bestimmte Eigenschaften, das weißt du jetzt. Wenn du im Ungleichgewicht bist, dann können dir die Elemente Informationen darüber geben, was du brauchst. Vielleicht hörst du zum Beispiel nicht auf die Stimme der Luft, die dir ganz nüchtern und vernünftig etwas sagen will, weil das Innere Kind, das du im Element Wasser findest, Angst hat, dem zu folgen, was die Luft weiß. Manchmal hört man nicht auf die innere Stimme, durch die sich die einzelnen Elemente ausdrücken wollen, weil man sonst seine Weltanschauung infrage stellen müsste. Meist ist diese Weltanschauung dann aus dem Versuch heraus entstanden, bestimmte Erfahrungen zu vermeiden. Angst vor Operationen und dem Kontrollverlust durch die Narkose kann zum Beispiel durchaus dazu führen, dass man die Schulmedizin generell ablehnt. In diesem Fall würde man jene innere Stimme, die »Lasse dich operieren!« rät, unterdrücken, um die Angst zu vermeiden. Was aber, wenn die Krankheit dazu dienen soll, genau diese Angst zu überwinden und zu lernen, das zu tun, was nötig ist, statt in der Vermeidung zu verharren? Selbstverständlich kann das Szenario auch genau andersherum sein: Die innere Stimme rät, sich auf gar keinen Fall operieren zu lassen, sondern sich auf alternative Heilweisen einzulassen, und man hat Angst, diesen Weg zu gehen. Deshalb ist es so wichtig, den inneren Botschaften aller Elemente zu lauschen. Zusammen ergeben sie das komplette Bild, das die Grundlage einer klugen und vernünftigen Handlung sein darf und sollte.

Die nachfolgende Übung hilft dir, Antworten auf deine Fragen zu bekommen.

ÜBUNG

DIE BOTSCHAFTEN DER ELEMENTE FÜR DICH

Lege dir etwas zum Schreiben bereit, um die Antworten festzuhalten. Entscheide, welche Frage du beantwortet haben möchtest. Das kann eine Frage eines Elementes sein, die offengeblieben ist, eine Frage in Bezug auf deine weiteren Genesungsschritte oder auf etwas anderes, was du hinsichtlich deines Wohlbefindens wissen möchtest.

Formuliere zunächst klar und deutlich deine Frage.

Lege dann aus den Kraftgegenständen, die du dir für die einzelnen Elemente inklusive der Mitte ausgesucht hast, ein kleines Elementerad, zum Beispiel auf einem Tisch oder auf dem Boden. Du kannst auch einen festen Platz wählen, an dem das Elementerad von nun an dauerhaft liegen darf und dir Kraft gibt.

Stelle dir nun vor, dass jedes dieser Elemente in Form eines vertrauenerweckenden Wesens, mit dem du sprechen kannst, auf seinem Platz steht. Auch in der Mitte steht ein Wesen.

Du selbst schaust von außen auf diese fünf Gestalten, die die Elemente und die Mitte verkörpern. Mache dich bereit, all diesen Wesen nacheinander zu lauschen.

Stelle jetzt in Gedanken oder laut deine Frage.

Öffne dich für die Antworten der einzelnen Kräfte, und glaube dem, was du wahrnimmst. Sie antworten dir in der Reihenfolge, die richtig ist. Verstehst du etwas nicht, dann bitte die entsprechende Kraft, es dir noch einmal genauer zu erklären. Manchmal muss man erst alle Antworten gehört haben, um sie zu verstehen. Die Antworten selbst kommen in Form von plötzlichem Wissen, von inneren Bildern, von Gedanken, vielleicht von Symbolen. Dein Unterbewusstsein und die Kräfte in dir wollen mit dir kommunizieren, sei dir da ganz und gar sicher. Sie wollen verstanden und gehört werden. Deshalb nutzen sie eine für dich verständliche Sprache.

Achte auf deine Wahrnehmung, wenn du eine Antwort bekommst. Atmest du auf? Entspannt sich etwas in dir? Es kann sein, dass dir die Antwort nicht gefällt. Du erkennst, dass sie richtig ist, wenn du auf einmal tiefer atmen kannst, Gänsehaut bekommst oder aufseufzt. Immer dann, wenn etwas richtig ist, auch wenn wir es nicht hören wollen, entspannen wir uns. Wir haben einen inneren Kompass für das, was stimmig ist. Dieser richtet sich stabil aus, wenn wir wahre Antworten bekommen haben. Das Kreisen der Gedanken stoppt, und wir fühlen Frieden.

Wenn du alle Antworten gehört hast, schreibe sie unzensiert auf. Danke den Wesenheiten, und erlaube jetzt, dass die inneren Bilder verblassen.

Lasse zunächst alle Informationen in dir wirken. Ganz wichtig: Handle, wenn du weißt, was zu tun ist.

Du kannst diese Übung immer wieder durchführen. Gewöhne dir an, alle Kräfte in dir zu befragen und ihnen zuzuhören, wenn du eine Entscheidung treffen willst. Dann weißt du, dass du auf deinem Weg bist, egal, was andere dir sagen. Das Wichtigste ist, und das kann man gar nicht oft genug sagen: Handle, wenn du weißt, was zu tun ist. Übernimm die Verantwortung für dich. Du gewinnst Selbstsicherheit und Selbstvertrauen, weil du für dich selbst vertrauenswürdig wirst, wenn du tust, was sich stimmig anfühlt. Aber eben nur dann. Tust du nicht, was sich für dich stimmig anfühlt, dann lässt du dich selbst im Stich. Dadurch verlierst du das Vertrauen in dich, und zwar zu Recht, denn dein Vertrauen verdient nur der, der tut, was er sagt.

Mit der nächsten Übung nutzt du die Lebendigkeit, Anpassungsfähigkeit und Regenerationskraft der Natur für dich. Die Natur gibt dir ihre heilenden Kräfte, damit du gesund wirst oder dich noch wohler fühlst. Die Übung geht ganz schnell, deshalb kannst du sie auch zwischendurch nutzen, egal, wo du gerade bist.

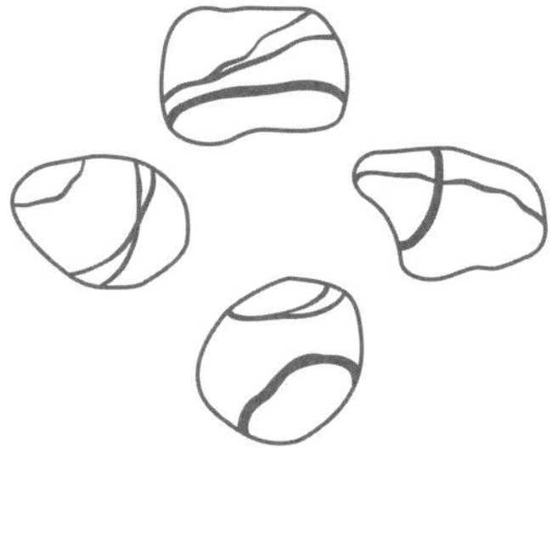

ÜBUNG

HEILENDE NATURKRAFT RUFEN

Stelle dir vor, du bist in der schönsten Naturlandschaft, die es gibt.

In dieser Landschaft gibt vier riesige, prachtvolle Kristalle, die in einem Kreis stehen.

Stelle dich in den Kreis hinein.

Augenblicklich strömt heilsame Energie von allen Kristallen zu dir hin: die Frische des Wassers, die Wärme des Feuers, die Stabilität der Erde und die Klarheit der Luft.

Deine Zellen nehmen diese Kräfte in sich auf und nutzen sie, um deinen Körper in seinen bestmöglichen Zustand zu bringen.

Bleibe so lange in der Mitte stehen, bis du dich energievoll und belebt fühlst.

Die inneren Bilder verblassen von ganz allein, wenn dein Körper die Kraft aufgenommen hat, die er gerade braucht.

Wenn du diese Übung öfter durchführst, dann erinnert dich dein Körper bald von ganz allein daran, wenn er Kraft braucht. Er zeigt dir, dass du dich in den Kreis der heilenden Kristalle stellen solltest, indem er dir innere Bilder schickt oder dich durch ein äußeres Zeichen darauf aufmerksam macht. Glaube dir, wenn du den Eindruck hast, dein Körper ruft dich in den Kreis der Kristalle, und folge seiner Bitte. Er weiß, was er braucht, und er kennt die Elemente – er besteht ja schließlich aus ihnen.

NACHWORT

Wie gut es funktioniert, die Kraft der Elemente zu nutzen, um Entscheidungen zu treffen, hast du jetzt selbst erlebt. Ich hoffe, ich konnte dir die Magie und die unermessliche Kraft ihres Zusammenspiels zugänglich machen.

Vor einigen Jahren war ich in Schottland und saß im Wald an einem grandiosen Wasserfall auf einem mit Moos bewachsenen Felsen. Um mich herum tobte das Wasser, die Sonne brachte die Gischt zum Funkeln. Im Fluss, in den der Wasserfall stürzte, stand ein toter Baum wie ein Totempfahl. Es war ein wirklich magischer Ort.
Ich sah, wie die Elemente funkelten, schäumten, mit großem Getöse in die Tiefe stürzten, dabei rings herum alles benetzten und zum Wachsen und Erblühen brachten, zum ruhigen Fluss wurden, still dalagen – in Synergie miteinander wirkten, Leben erzeugten und unzähligen Wesen Raum gaben.

Auf einmal hörte ich eine sehr klare Stimme, die Stimme von Mutter Erde: »Du bist wie dieser Ort ein ideales Zusammenspiel aus Erde, Wasser, Sonnenlicht und Luft. Die Seele, das ist deine Mitte. Die Schönheit, die du hier siehst, die Harmonie, genau das bist auch du. Ich bin durch dich ein einzigartiger Ausdruck all meiner Kräfte. Alles, was du hier siehst, bist du in anderer Form, genauso schäumend, ruhig, funkelnd und teilweise auch, wie der Baum in der Mitte, tot. Du lebst. Und das bin immer ich.«

Tief berührt und für immer beruhigt und mit dem Menschsein versöhnt konnte ich diesen Ort verlassen.

Ich bin dieser Ort. Alles, was ich an diesem Ort liebe, bin auch ich. Daran erinnere ich mich beinahe täglich, es erinnert mich, ich weiß es einfach. Ich bin nicht getrennt von allem. Ich bin wie alles andere ein perfektes Zusammenspiel aus den Elementen. Das hat mein Leben auf der Erde vollkommen verändert. Ich bin keine Seele, die in einen Körper gezwungen wurde und die Enge aushalten muss. Ich bin der Wasserfall, der sich schäumend in den Fluss stürzt und von ihm aufgefangen wird. Ich bin der Felsen, der diesen Wasserfall teilt und ihm Struktur gibt. Ich bin die wachsende Natur um mich herum, die Sonne, die die Welt zum Leuchten bringt, und ich bin der tote Baum, der sich selbst losgelassen hat und dadurch anderen Nahrung und Schutz bietet.

Seit diesem Erlebnis bin ich wahrhaft lebendig. Alles, was ist, alles, was ich fühle, alles, was ich erlebe, erlaube ich mir, wirklich zu fühlen. Alles, was ich will, erlaube ich mir, zu wollen. Wie ich mir erlaube, alles, was ich nicht will, abzulehnen. Ich bin Mutter Erde, ein Teil von ihr, ich bin eine Synergie der miteinander tanzenden Elemente, die sich durch mich ausdrücken wollen. Und so ist alles, was ich als lebendiger Mensch will und fühle, richtig.

Diese Kraft wollte ich dir mit diesem Buch nahebringen, damit auch du zu dem lebendigsten und glücklichsten Menschen wirst, der du nur sein kannst. Wenn die Elemente in dir in der für dich idealen Weise miteinander tanzen, führst du ein erfülltes, selbstbestimmtes, authentisches Leben. Anders geht es gar nicht.

In Liebe
Deine Susanne

ÜBER DIE **AUTORIN**

Susanne Hühn ist ausgebildete Lebensberaterin, ganzheitliche Physiotherapeutin und erfolgreiche Autorin spiritueller Selbsthilfebücher. Seit 1986 begleitet sie Menschen auf deren Weg zur Gesundung. Ihre mittlerweile in großer Zahl veröffentlichten Sachbücher und CDs gehören zu den Bestsellern des Schirner Verlags. Ihr Wissen vermittelt sie zudem in Vorträgen und Seminaren im In- und Ausland sowie in zahlreichen Online-Seminaren.

www.susannehühn.de

Danke für deine REZENSION

– Gemeinsam sind wir mehr –

Liebe Leserin, lieber Leser,

von Herzen danken wir dir, dass du dieses Buch in den Händen hältst und es bis zum Ende gelesen hast. Das bedeutet uns, dem Schirner Verlag und seinen Autoren, sehr viel. Aus voller Überzeugung und mit Hingabe widmen wir uns seit vielen Jahren Themen, die unser aller Lebensqualität und Bewusstwerdung dienlich sind, und hoffen, einen Beitrag für eine lichtvollere Welt leisten zu können. Wenn dir unsere Arbeit gefällt, möchten wir dich bitten, dir einige Minuten Zeit zu nehmen, um dieses Buch zu rezensieren. Warum? Die meisten Menschen lesen Rezensionen, bevor sie ein Buch kaufen, da sie hierdurch einen Eindruck bekommen, ob und wie der Inhalt des Buches den Leser erreicht hat. Eine kurze Rezension ist dabei ebenso hilfreich wie eine lange, sehr ausführliche. Um es auf den Punkt zu bringen:

Eine Rezension ist heutzutage die beste Werbung für ein Autorenwerk!

Wenn du den Schirner Verlag und seine Autoren neben dem Buchkauf auch anderweitig unterstützen willst, dann bitten wir dich: Schreibe für jedes Werk eine Rezension – vielleicht als persönliche Leseempfehlung für die Buchhandlung in deiner Nähe oder online, z. B. beim Schirner Verlag. Das wäre nicht nur eine Wertschätzung für die Autoren, sondern kann dazu beitragen, dass die Verkaufszahlen steigen und der Schirner Verlag auch in herausfordernden Zeiten Bestand hat.

WIE SCHREIBT MAN EINE REZENSION?

Grundsätzlich sollte eine Rezension aus der eigenen, subjektiven Sicht geschrieben werden, da es sich um eine persönliche Meinung handelt. Du kannst in zwei Sätzen deine Gefühle zu dem Buch äußern oder eine längere Rezension verfassen. Falls du nicht weißt, wie du beginnen sollst, hier ein paar Anregungen:

- War das Buch leicht verständlich geschrieben? Wie hat dir die Sprache gefallen? Wie war die Aufteilung zu den verschiedenen Themen?
- War es unterhaltsam? War es deiner Meinung nach mit Herzblut und Liebe geschrieben? Wie hat es auf dich gewirkt?
- Hat es dein Herz berührt? Konntest du dich wiederfinden?
- War es tief greifend genug? Hast du viel Neues gelernt?
- Hat es gehalten, was der Titel und die Buchbeschreibung versprochen haben? Hat es deine Erwartungen erfüllt?
- Was macht das Buch besonders? Warum sticht es heraus im Vergleich zu anderen Büchern, die ein ähnliches Thema behandeln?
- Würdest du das Buch weiterempfehlen oder verschenken?

Dankeschön

lesen, fliegen, landen
Schirner Verlag

BILDNACHWEIS

Bilder von der Bilddatenbank www.shutterstock.com:

S. 1–184: Kompass # 609403052 (© Oleg Iatsun), Hintergrund bei Übungen # 524896804 (© The_Pixel), Zettel mit Klebestreifen bei Übungen # 1493316023 (© SpicyTruffel), Abrisskante bei Übungen # 241360630 (© Giraphics), Zeichnungen bei Übungen # 148861661 (© artn-Lera), # 1700234983 (© ConceptCafe), # 217554811 (© GabrielJose), # 300546734 (© tulpahn), # 648904303 (© Anton Malina)

S. 3: # 613586348 (© Alex Staroseltsev), S. 8: # 1752954149 (© Leon de Zeus), S. 8, 11, 169, 175: # 290281880 (© Katerina Pereverzeva), S. 12: # 1311007829 (© Denis Belitsky), # 109529966 (© Tribalium), S. 19: # 156145733 (© Creative Travel Projects), S. 21: # 171191216 (© Csaba Peterdi), S. 22: # 43003003 (© Anatoli Styf), S. 25: # 435721300 (© Mimadeo), S. 28: # 1088846771 (© Tonktiti), S. 32/33: # 1028852317 (© Winston Tan), S. 41: # 129305423 (© Sofiaworld), S. 44: # 388236685 (© red mango), S. 48/49: # 754660033 (© Stas Tolstnev), S. 50: # 525888652 (© Galyna Andrushko), # 1258238665 (Back one line), S. 53: # 763619542 (© Kungtalon), S. 57: # 150250187 (© Thomas Barrat), S. 58: # 1269009049 (© Fogey), # 1328492915 (© Back one line), S. 63: # 3882366853 (© red mango), S. 64: # 305961134 (© Sara Winter), # 1738607483 (Artem Stepanov), S. 68/69: # 1099386764 (© yanikap), S. 82: # 1033591960 (© K.Narloch-Liberra), S. 86: # 1088572700 (© ju_see), S. 89: # 663536452 (© DMITRII STARTCEV), S. 90: # 1186242634 (© Nomad_Soul), # 1738607483 (Artem Stepanov), S. 96: # 1007522299 (© Allison Coles), S. 103: # 1072893698 (© Korawat photo shoot), S. 112: # 236160184 (© Halfpoint), S. 117: # 1089984470 (© kacpt), S. 127: # 693690826 (© Parilov), S. 133: # 333702980 (© Lumppini), S. 134: # 1023709969 (© Freer), S. 134, 144, 149, 150: # 1147733111 (© Uncle Leo), S. 141: # 83517649 (© Dean Pennala), S. 148: # 1021503514 (© iamnoonmai), S. 151: # 465854339 (© Mykola Mazuryk), S. 152: # 614372759 (© Max play), # 524378779 (© Rebellion Works), S. 154/155: # 350754350 (© Beautiful landscape), S. 160: # 153340682 (© Peshkova), S. 167: # 248295127 (© fototip), S. 172: # 1510165124 (© Microgen), S. 177: # 80788591 (© Triff), S. 182: # 292733615 (© tatishdesign), # 309711731 (© KateMacate)